Filip David
HODOČASNICI NEBA I ZEMLJE

REČ I MISAO
KNJIGA 505

Urednik
JOVICA AĆIN

FILIP DAVID

HODOČASNICI NEBA I ZEMLJE

roman

IZDAVAČKO PREDUZEĆE „RAD"
BEOGRAD

SADRŽAJ

UVOD
*U inkvizitorskom zatvoru. Valdežaninova ispovest.
Auto da fe. Vatrena lopta.*
5

I GLAVA
*Polazak na put. Mučnina. Opasnosti mora.
Priča o nubijskoj princezi. Gusarski prepad.*
9

II GLAVA
*Na gusarskom brodu. Vražji levak. „Mračna noć duše".
Nepoznata obala.*
11

III GLAVA
*Tajno društvo ubica. Lutajući duhovi. Fansigarov san.
Preobražaj. Pokolj bengalskog tigra. Kazna boginje Kali.*
11

IV GLAVA
Noć na utrini. Nebesa se otvaraju. Svet utvara.
13

V GLAVA
*Susret sa karavanom. U konačištu. Priča o osveti
Velikog vezira. Sultanov odgovor.*
12

VI GLAVA

Razgovor o ogledalima. Priča o Lutajućem Jevrejinu. Susret sa Kornelijusom Hajnrihom Agripom. Ezrin vrt sa račvastim stazama. Grkov nestanak. Postojanje hiljadu svetova.

11

VII GLAVA

Sa hodočasnicima. Svete relikvije. Izopačen svet.

12

VIII GLAVA

Strah u vremenu kuge. Družine luda. Fascinacija smrću. Melanholični princ i razuzdana gomila. Izbor kralja budala. Noć sv. Dionisija. Maska smrti.

14

IX GLAVA

Nastavak putovanja. Nad ambisom. Istinita priča o opasnostima tajnih znanja. Prizivanje demona i bitka sa silama tame. Prenoćište.

15

X GLAVA

Približavanje Zveri. Moć amajlije. Monahova ispovest.

16

XI GLAVA

Prosjaci i razbojnici. Zlo u čoveku. Zatočenik ljubavi. U ciganskom taboru. Bijav. Smrt Mladoga Meseca. Putovanje na leđima nebeske ptice. Bekstvo.

14

XII GLAVA

Jezero Obmana. Nepogoda. Priča zatočenika Kule ludaka u Kanu.

15

XIII GLAVA
Senke iz tame. Bajanje. Poseta u snu. Zamak na litici.
Kraj puta.
16

EPILOG
Lomača u Sevilji.
17

POGOVOR
Inverzna ogledala svesti (Petar V. Arbutina)
15

UVOD

U inkvizitorskom zatvoru. Valdežaninova ispovest.
Auto da fe. Vatrena lopta.

Stajao sam pred biskupom, zastupnikom Velikog inkvizitora Dijega de Espinoza.
„Drago dete", reče. „Ti znaš zašto sam te pozvao. U gradovima naših kraljevstava Španije mnogi od onih koji su, po svojoj slobodnoj odluci bili preporođeni u Isusu Hristu svetim vodama krštenja, ponovo tajno izvršavaju verske zakone i običaje jeretičkog praznoverja. Zbog zločina ovih ljudi i zbog trpeljivosti Sv. Stolice prema njima, građanski rat, ubijanje i nebrojena zla zadesila su naša kraljevstva... "

Biskupove reči vratiše me desetak godina u prošlost. Dva dominikanca fra Miguel Morilo i fra Huan de San Martin bili su prvi imenovani inkvizitori u Sevilji. Moji roditelji, časni i ugledni *conversos* po savetu moćnih zaštitnika našli su utočište na imanju don Alfonsa de Kadiksa. Posle neuspele zavere Dijega de Susana planule su ljudske lomače širom zemlje, a njihov plamen osvetlio je mnoge od poznatih gradova: Siudad Rela, Segoviju, Kastilju, Aragon, Sevilju, Toledo, Valensiju. Moć *Consejo Supremo de la Santa Inquisicion* postala je neograničena. Otvoreni su grobovi poznatih preobraćenika kako bi se proverilo jesu li sahranjeni po važećem crkvenom obredu. Tamo gde nije bilo prestupa kosti su vraćane u grobnicu, a gde se sumnja pokazala opravdanom bacane su psima i rasturane da im se zatre svaki trag. Zatim je naišlo „vreme velike okrutnosti" Tomasa de Torkvemada, priora dominikanskog samostana u Segoviji i ispovednika njegovih veličanstava. Taj beše, kako se govorilo, čovek ispunjen „mračnom pobožnošću." Moji roditelji su dokazali svoju pravovernost. Prošle su otada godine, ali, evo, neumorni istražitelji ulaze sada i u moj život.

„Postoje dokazi, podržani izjavama svedoka da si se nasuprot savetima časnih roditelja, vernih i zaslužnih građana Kraljevstva i Krune, posvetio zabranjenim mističnim knjigama praotaca. To je ozbiljan greh za koji krivac može biti okovan i izdržati bilo *murus strictus*, bilo *murus largus*. Dozvoljeno je korišćenje svih postupaka koji 'otvaraju duh': *Vexatio dat intellectum*. A na kraju: spaljivanje."

„Gospod mi je svedok da nema izdaje u mome srcu, ni u mojoj duši!" uzviknuh.

„U ovakvim stvarima verujemo svojim pouzdanim doušnicima", ljutito odgovori biskup. „Unutrašnji izdajnik gori je od spoljašnjeg neprijatelja. Namere su u jednakoj meri opasne kao i dela". Sklopi oči i spoji dlanove. „Tvoje reči svedoče o moći greha koji te je obuzeo. Krivoverje pušta duboke korene u čovečiju dušu. Ako je korenje trulo, takvo će postati i stablo. Onaj čija je vera čista ne traži u svetim tekstovima tajanstvena značenja da bi uz njihovu pomoć otkrio imena anđela i magično Ime gospodnje. Šta znači postati 'dete kraljevske palate', 'gospodar misterije', 'pravi tumač teksta', imena koja sebi kabalisti pridaju? Kakva je to *kraljevska palata* gde jedino za njih ima ulaza? To je, u stvari, đavolji lavirint. Spisi Isaka Slepog, Abrahama ben Samuela Abulafije i Moše de Leona nađeni su među tvojim knjigama. To nije put prema Bogu, nego prizivanje demona, čežnja da se ovlada njihovim moćima."

Nisam odgovarao. U pitanjima vere biskupova reč je neprikosnovena. Za mene nije bilo drugog puta, niti kajanja.

Ja sam to znao, a on slutio. Važio je za iskusnog istražitelja; dobro je poznavao ljudsku dušu. „Neka ti Gospod pomogne da se oslobodiš dubine krivokletničkih zabluda. Postoji samo jedna večna istina, a mnoštvo obmana", reče sumorno. „Saslušaću savet 'dobrih ljudi', *bo-*

ni viri. Neka odluče o tvojoj sudbini. Šaljem te u tamnicu inkvizicije gde ćeš ostati do presude."

*

Podrum u kojem me stražari inkvizicije ostaviše, nekada je pripadao samostanu, kao i čitava građevina. U mirna vremena dokolice ovde se spravljalo i čuvalo samostansko vino. Zidovi su još odavali miris prezrelog grožđa. Visoko gore, na tavanici, nalazio se jedini otvor. Otuda je danju dopirao širok zrak svetla. U tamnici se obično nalazilo oko desetak zatvorenika. Jedne su dovodili, druge odvodili. Dobijali smo pristojnu hranu: hleb, meso i mleko, te čašu vina svaki drugi dan. Osim drvenih ležajeva i velikog stola nije bilo drugog nameštaja. Zatvorenici su malo razgovarali među sobom. Podozrevalo se od doušnika. Njih ima svuda a najviše u tamnicama. Moj najbliži sused nije obraćao mnogo pažnje na ono što se oko njega događa. Čitav dan je provodio u molitvi ili za stolom ispisujući listove hartije. Ispisane listove stavljao je u srebrom obrubljeni kovčežić od kojeg se nije rastajao ni danju, ni noću.

Posle nekoga vremena, željan razgovora, približih se ovome čoveku. Upitah ga za razlog utamničenja. Ovako mi je odgovorio: „Optužuju nas da smo krivovernici zato što se u učvršćivanju naše vere obraćamo samo Svetom pismu. Vrhovni inkvizitor don Alfonso Manrike nazvao nas je *alumbrados*. Naš vođa Alkazar osuđen je na doživotni zatvor, javno bičevanje i prisustvo *auto da feu*. Neki nas nazivaju *dejados,* a drugi *iluministima*. Ako mene pitate, ja sam *valdežanin*. „Od toga časa ovome čoveku sa kojim me je sudbina sjedinila, obraćao sam se tim imenom koje je sam odabrao. On nastavi: „Na svetu ima onoliko božijih crkava koliko je božijih ljudi. Verovanje je upisano u ljudskoj duši, i na nebu."

„Upravo tako", odgovorih. „Ukupan broj duša koje su izašle iz Egipta i na Sinaju primile Toru iznosi šest stotina hiljada. Zato postoji šest stotina hiljada oblika i tumačenja Tore. Svaka od ovih svetih duša ima jedno područje u Tori koje samo njoj pripada."

„Istinsko verovanje stvara čuda", nastavi Valdežasnin, uz osmeh. „A oni se čuda plaše." Naže se prema meni. „Nasuprot njihovoj zemaljskoj moći i vlasti stoji istinska moć čarobnjaštva, u svim svetovima i svim vremenima! Moja vera je izvor natprirodnog. A njihova vera je slaba, ili ne postoji." Zamolih ga da mi ispriča nešto više o svome životu.

„Još od najranijeg detinjstva, od časa kada je u meni zaiskrila svest, osetio sam kolika je snaga jake volje, volje što se kasnije pretvara u nepokolebljivu veru. Vera je sposobnost da se stvaraju čuda, a istovremeno je i put do Boga. Nisam još prohodao a shvatio sam da dubokom, usretsređenom mišlju mogu da dozovem oca ili majku i bez glasa, samo željom, ispunim svoj naum. To zadovoljstvo daje osećaj velike moći i stoga krije velike opasnosti. Upravljati mislima drugih ljudi i usmeravati ih u svome pravcu i na sopstvenu korist, pre je izazov đavola nego služba Svevišnjem. Ali, bio sam svestan te opasnosti od samoga početka, te se ne pretvorih u osiono dete nego u stvora ispunjenog strahom i bojažljivošću.

Vidim sebe u sećanju kako sedim na proplanku u blizini naše osamljene kuće, i samo snagom pogleda njišem grane staroga oraha, a iz zelenog lišća izvlačim drhtave, uznemirene treptaje. Poigravao sam se na isti način sa visokim vlatima trave i krupnim cvetovima ruža uzgajanih rukom moje majke. Još nedozrele latice su se otvarale na moj pogled i ja sam zurio u skrivenu tajnu cveta sa osećanjem da se preda mnom otvara najveća zagonetka svemira. Rano sam otkrio da ove moje sposobnosti kod drugih izazivaju nelagodnost. Nisam umeo to drugačije da protumačim nego kao urođenu manu duha koju poput svih mana treba skrivati od drugih ljudi. Ali sa godinama sam počeo shvatati da je to dar, da mogu osećati i činiti dublje, potpunije, istinitije nego drugi ljudi. Ipak, kakav je smisao svega toga? Samo poigravanje, osluškivanje života bilja, razgovor sa cvećem, razumevanje životinjskog govora? Na pomisao da mogu upravljati postupcima drugih ljudi, ulaziti u njihove misli, dajući im uputstva šta da čine, obuzimala me drhtavica, znojenje, muka. Jednom,u igri, napujdah velikog psa na svoga druga. Pas obuzet ludilom koje je dolazilo iz moje glave skoči na dečaka i verovatno bi ga rastrgao da se tu ne nađoše neki hrabri ljudi. Oni tojagama i teškim udarcima jedva odvojiše pobesnelu životinju od žrtve. Psa ubiše a ja pobegoh i sakrih se u jednom mračnom kutu kuće, jasno sagledavajući strašnu moć zloupotrebe svoga prirodnog dara. Zakleh se tada da ću radije umreti nego da nanesem bol nekom živom stvoru. Toga zaveta držao sam se do dana današnjeg, a tako će biti i ubuduće".

Valdežanin protrlja lice obraslo tvrdom, čekinjastom bradom. Žive, svetle, tople oči, kojima se verovalo, davale su uverljivost i svakoj izgovorenoj reči. „Veća je snaga potrebna ovladati sobom, nego prirodom i ljudima oko sebe", nastavi. „Čuda se ne čine uz pomoć materijalne sile, nego snagom uma. Veliki čarobnjaci nisu đavolji šegrti kako se to govori među neobrazovanim svetom; to su oni što u mrkloj, tamnoj noći hodaju uz pomoć svetla unutrašnjeg obasjanja. Njihova misao samostalno stremi prema nebesima, ali i dalje od nebesa, prema drugim svetovima."

Ovaj čovek hodao je tajnim i skrivenim stazama moje sopstvene duše, razumevao sam njegove reči više nego što je slutio. „Svaka duša", veli jedan stari zapis, „ima svoga držaoca svetlosti. Unutrašnjost bića ispunjena je božanskim, rascvetalim sjajem". Ali u sjaju te svetlosti moje unutrašnje oko videlo je samo postojanje ambisa, a ne i most kojim se može premostiti provalija.

Činilo se da pogađa moje misli. „Putovanje nepoznatim krajevima i neistražnim predelima jeste izazov, ali za nepripremljenog putnika i velika opasnost. Ulaskom u godine koje više nisu detinje, ali ni sasvim odraslog čoveka, počeo sam se zanimati za stvarnu suštinu stvari. Nije me zadovoljavao samo njihov spoljni izgled. Moj dar je prestao da služi za igru i zabavu u samoći; tako sam otkrio da osim toga sveta u kojem sam živeo postoji i onaj drugi, u meni, da je mnogo tajanstveniji, skriveniji i opasniji. Kada ovo kažem mislim na stvarno značenje reči, a ne na nekakvu simboliku, ili alegorije kakvih ima u propovedima. Govorim o jednom drugom *stvarnom* svetu u koji sam uspeo da uđem, da prođem nekim od njegovih staza, a onda se zaustavim na vreme kako ne bih zalutao i zauvek ostao zarobljen u dubinama sopstvenog bića. Sedeo bih u tami, ili sklopljenih očiju satima i satima, duboko uronivši u predele koji su svojom neobičnošću prevazilazili sve ono najčudesnije što postoji u spoljnoj prirodi. Uveravam vas, mladi pijatelju, da je čitav beskraj Božijeg sveta preslikan u našoj duši, na način još tajnstveniji i zagonetniji nego što su misterije ovoga sveta. Možda bi zapravo najbolje bilo reći kako se oni dopunjuju, pa i privlače. Živimo i u jednom i u drugom; a kada se oni izmešaju, kada se granice između njih izbrišu dolazi do rasula uma i užasnih košmara.

Morao bih izmisliti neki novi jezik da bih opisao ono što sam viđao na tim dugim putovanjima. To je drugačije putovanje od onih pod dejstvom raznih trava i opojnih napitaka. Tamo čovek beži od samoga sebe, a ja sam išao u susret svom istinskom biću, jednom, ili više njih. Jer, zaista, u nama ne živi samo jedna ličnost. Jedna je samo ukrotila one druge; nekada je to razbojnik, nekada častan čovek. Može biti odan Bogu, ali i njegov hulitelj. Hrabar ili kukavica. A događa se da neka od tih skrovitih, potisnutih ličnosti nadvlada i pobeđuje glavnu ličnost i tada čovek postaje 'neko drugi'. Ja sam susretao te druge ljude u sebi. Znam stoga koliko je čovek složeno delo Božije, svet u svetu, haos u haosu. Neki od tih stvorova su zli i opasni po namerama, ali su ipak deo nas, zatočeni i izolovani u pustim i divljim predelima svesti. Već sam pogled na njih izaziva užas. Zašto postoje takva čudovišta? Da li će nekim nepredvidljivim potresom biti oslobođeni i zavladati nad nama? Da li će nas milostivi Bog odbraniti od tih mračnih stvorenja koja nosimo u sebi? Ali, zar nisu i ona njegova deca, stvorena iz ko zna kojeg razloga? Neki stari filozofi uveravaju nas da su u nama svi naši prošli, ali i budući životi. Tako se uspostavlja poredak nagrade i kazne, greha i iskupljenja. Bogataši postaju siromasi, siromasi bogataši. Oni koji su ubijali biće ubijeni; robovi i gospodari izmenjuju svoje uloge u raznim životima. 'Ko je ubio svoju majku biće ponovo rođen kao žena, kako bi bio ubijen od svoga sina. Ko je silovao ženu postaće žena da bi bio silovan. Oni koji su činili nasilje, moraće da trpe nasilje'. To je slika opšteg poretka u koji su upleteni svi prošli, sadašnji i tek dolazeći svetovi.

Ulazio sam sve dublje i sve slobodnije u taj unutrašnji svet. Možda sam otišao i predaleko. Granice između svetova počele su da se gube, svetovi udvajaju. Nisam znao dokle smem i dokle mogu. A onda sam posle dugog lutanja došao do ogromne kamene litice koja se bez prolaza ili zaobilaznog puta isprečila preda mnom. A u tom kamenu pod svetlom nevidljivog meseca bila su ispisana neka slova i brojevi. Označavala su određen datum, čas, mesec i godinu.

Ugledao sam sve to za tren, jer je ubrzo tmina koja je izvirala odozgo i odozdo sve obavila svojom neprozirnošću. Jedva se nekako izbavih iz tog mraka sopstvene noći. A datum koji sam dobro upamtio jeste sutrašnji dan. Sada shvatam: to je dan moje smrti!"

Blago položivši ruku na moje rame nastavi: „Sutra ću goreti na lomači." Pobunih se protiv ovako neočekivanog kraja Valdežaninove ispovesti. „Pa, ipak, smrt je samo seoba. Iz jednog sveta u drugi. Iz praznine u prazninu. Poznajem tu bezazlenu siroticu. Lagana je kao dašak vetra, tiha kao noć u pustinji, nežna kao dodir jutra. Obavlja posao bez mržnje i strasti. Uz njenu pomoć, najvredniji deo onoga što smo mi, odvaja se od trošnog tela. Neki to nazivaju utvarom, kod Grka je *eidolon,* kod Jevreja *refain.* Najtačnije bi bilo nazvati je *senkom.* Senka prebiva u svakome snevaču." Zastao je. Za časak misli mu odlutaše. „Cilj moga sutrašnjeg puta je Pinerolo u Pijemontu koji je za nas valdežane sveti grad." Nasmeja se. Od tog smeha prođoše me žmarci. Stavi ruku na moje rame. „Nema rastanaka zauvek. Kada dođe vreme, srešćemo se opet, u tvome, ili mome snu".

Ponoć već beše prošla. Odosmo svaki svome ležaju. Okrenut vlažnom i prljavom podrumskom zidu nikako nisam mogao da zaspim. Zastrašila me pomisao na sutrašnji dan i užasnu sudbinu Valdežanina, nečega što uskoro može da zadesi svakoga u ovoj tamnici. Ne znam koliko je vremena prošlo. Savlada me neka vrstu polusna. Otvorih ponovo oči svestan jedva čujnog šapata u blizini. Tu, nadohvat ruke, Valdežanin je utonuo u duboku molitvu. Njegovo telo odvajalo se od zemlje, u oreolu bledo zelene svetlosti, oslobođeno sopstvene težine. Stisnutih kolena i dlanova prislonjenih uz čelo podizao se sve više prema tavanici. Nastavio je da lebdi u tom položaju skrušene molitve, nošen i vođen unutrašnjom svetlošću što se isijavala iz njegovog zemaljskog tela. Potom se lagano poče spuštati, noge opet dodirnuše pod, čitav se prostre po zemlji i osta tako.

Opčinjen ovim prizorom nisam se pomerio do jutra, do prvih zraka slabe svetlosti koji dođoše kroz otvor na tavanici. Sa ranom zorom, začuše se mnogi koraci pred vratima tamnice. Uđe veliki broj stražara i vojnika. Jedni se okupiše oko Valdežanina, drugi oko mene. Navukoše nam košulje bez rukava „san benito", sa velikim žutim krstom na grudima i leđima, a na glave staviše kape od kartona sa naslikanim đavolima okruženim plamenom. Svaki dobi po jednu žutu sveću da je nosi u ruci. Ovako odeveni, u stražarskoj pratnji, napustismo tamničke odaje i izađosmo u svitanje sudbonosnog dana.

*

Kola sa zatvorenicima i osuđenicima inkvizicije vukla su dva bela konja. Pratila ih je zaprega sa oružanom pratnjom. Prolaznici su dobacivali uvredljive povike. Nismo dugo putovali do mesta naše Golgote. Stigosmo na trg gde se okupilo mnoštvo sveta. Na sredini trga glavni prostor zauzimale su dve lomače (quemadero) iznad kojih se uzdizao ogromni beli krst. Okolo se tiskala gomila. Redovi sveštenih lica i kraljevih izaslanika već su zauzeli svečana mesta. Saradnici inkvizicije, *familiares*, iščekivali su svečani trenutak *auto da fe*, uzvišeni čin vere. Odvedoše nas do mesta izvršenja kazne i privezaše uz stubove.

Pored mene je stajao biskup. „Lomača čeka grešnike", prošaputa. „U dubini duše znaš da li zaslužuješ tu kaznu za nepopravljive jeretike". Gledao me je pravo u oči, pokušavajući da u njima otkrije moje stvarne misli. „Ili zaslužuješ javno bičevanje i *sanbenito* – dvostruki krst na sramotnoj žutoj košulji sa crvenim rubom? Da li bi to očistilo tvoju dušu i pripremilo je za novo pričešće?" Zaćuta opet za kratko, a onda nastavi: „Ipak, odlučio sam da sledim savet 'dobrih ljudi'. Oni izražavaju poštovanje prema zaslugama tvojih roditelja. Osuđuješ se na prisustvo svetom činu vere, a potom, pošto izrekneš *de vehementi*, obavićeš veliko hodočašće 'prelaz preko mora'. Krenućeš na put sledećeg jutra."

Pod nogama ponositog Valdežanina potpališe vatru.

Gust dim, a zatim i plamenovi vatre obaviše telo ovog hrabrog čoveka. Odjednom, dogodi se nešto neočekivano. Munja dolete iz nebesa i pogodi ga. Pre nego što je zahvaćeno plamenom lomače Valdežaninovo telo zaplamte tajanstvenim plamenom iznutra. Sklopio je ruke, bez glasa i pokreta. Iz usana, očiju i nosa pokulja dim. Iznenada, pred hiljadama očevidaca, plamteća lopta izdvoji se iz gorućeg tela. Kružila je iznad trga, a onda velikom brzinom polete prema severu, u onom pravcu gde se nalazi sveti grad Valdežana Pinerolo, u Pijemontu.

I GLAVA

*Polazak na put. Mučnina. Opasnosti mora.
Priča o nubijskoj princezi. Gusarski prepad.*

Nije mi bilo dozvoljeno da se vidim i pozdravim sa starim roditeljima. Put očišćenja morao je odmah da počne. Već sledećeg dana po izricanju presude Sv. Oficija ukrcan sam na trgovački brod Njenog Kraljevskog Visočanstva. U početku, stojeći na palubi među odvažnim mornarima, divio sam se prostranstvu velikih voda. No, već popodne drugog dana plovidbe more se uznemiri, jak vetar podiže visoke talase, te osetih ozbiljnu mučninu. Uvukoh se nekako pod palubu, padoh na svoj ležaj, u najvećim mukama, verujući da mi nema spasa.

Ležao sam tako u tami, lica pritisnutog o tvrdu hrastovinu, uz užasan osećaj izvrtanja sopstvene utrobe pri svakom uspinjanju, poniranju, ili naginjanju kraljevskog broda. Povremeno sam zapadao u san bez snova sličan bunilu, a onda sam se iznova budio. Trajalo je to, kako mi se činilo čitavu večnost, nekoliko dana i noći. More se smirilo, a ja sam još uvek ležao u tami i tišini, slab da se pokrenem. Konačno začuše se koraci na drvenom stepeništu. Upaljena baklja osvetli prvo kabinu, a potom ugledah i posetioca. Doneo je neki lek gorkog ukusa koji ispih na njegov zahtev, i neka je hvala Gospodu, osetih se bolje. On primeti promenu moga raspoloženja, pa zadovoljan reče: „Znate li koja su četiri znaka što nagoveštavaju dolazak Strašnog suda, kako je zapisano u *Životu Antihrista?* Prvi znak je podizanje mora za petnaest lakata iznad najveće planine na svetu. Drugi, spuštanje mora u izdubljeni ponor, u utrobu zemlje. Treći kada ribe i morska čudovišta izađu na površinu puštajući prodorne krikove. A četvrti mešanje morskih i rečnih voda sa dolazećom vatrom iz nebesa. Još nismo stavljeni na takva iskušenja". Pravdao sam se kako sam prvi put na moru. Protiv volje zamenio sam tišinu doma i unutrašnji mir pustolovinom opasnog putovanja. On se samo nasmeši. Krupne, svetle oči gledale su me sa razumevanjem. „Najčešće sami ne biramo puteve kojima idemo u budućnost", reče. Ako je suđeno, opasnosti će biti svuda; i na kopnu i na moru. Ali sada smo na moru i kazaću nešto o opasnostima mora. Oni koji su plovili velikim vodama znaju da su, od časa kada se otisnu od obale prepušteni volji bogova. Razuman čovek se drži kopna; samo velika nevolja ili velika žudnja za nepoznatim, ili bezobzirni avaturistički duh uvlače zemaljskog stvora u ova velika i nepoznata tajanstva. Po žestini, okrutnosti i neizbežnosti putovanje morem nadmašuje sva druga putovanja. Mnogi iskusni moreplovci potvrđuju da su morski putevi u vlasti demona. I meni su neki pripovedali da su videli legione đavola proteranih sa Dalekog Istoka od strane misionara kako se upućuju prema zemljama na ovoj strani sveta. Zatim, tu su istinite pripovesti o strašnim čudovištima koja prebivaju u najvećim morskim dubinama, a izlaze na površinu sa jednom jedinom namerom: da brodove i putnike povuku za sobom u tamne ambise mora. Čovek se zapita zašto je Gospod sazdao takve čudovišne nakaze poput raznih morskih Behemota i Levijatana, čiji su glave obrasle bodljama, dok dugim i oštrim rogovima, sličnim korenju izvaljenog starog drveća, lome brodove i napadaju nesretne putnike. Sa pučine dolaze kužni vetrovi donoseći najstrašnije bolesti. Sveštenik koga sam sreo na jednom od ranijih putovanja ubeđivao me da će 'kao mesto straha, smrti i ludila, ponora u kome živi Sotona, zli dusi i čudovišta, mora iščeznuti jednoga dana kada celokupno stvaranje bude obnovljeno'. Uprkos svemu, more poseduje opčinjavajuću privlačnost. Sve što je preko mere strahotno i nakazno, ima neki poseban oblik veličanstvenosti. Nepojmljivi ambisi i nezamisliva čudovišta saslužuju naše strahopoštovanje. Ali, reći ću vam i ovo: nigde, ni na jednom drugom mestu na kugli zemaljskoj ne postoje takvi prizori iskonske lepote dostupne samo onima što se bez zazora izlažu užasavajućim opasnostima. Nigde nebo nije tako ispunjeno prvobitnom veličajnošću nego što je nad otvorenim morem. Bilo danju pod sunčevim sjajem, bilo noću kada se ispuni mesečinom i treptanjem nebrojenih zvezda koje nas podsećaju kako smo sićušni i gotovo nepostojeći u velikom svemiru."

Upitah ponoćnog posetioca o cilju i svrsi njegovog putovanja. On odgovori: „To vam je jedna priča u koju su umešane i nezemaljske i nečiste sile. Istinita je od početka do kraja, ma koliko je za neverovanje. Ja zapravo bežim, ali ne znam tačno ni od koga ni od čega; uhvaćen sam u klopku iz koje tražim izlaz. Ali ne znam da li postoji".

Tišinu je narušavalo samo škripanje brodske užadi i glasovi mornara koji su se smenjivali na straži. Čovek je sedeo na drvenom sanduku. Baklju je uglavio u željezni prsten utisnut iznad moga kreveta. Njegovo maleno telo pravilo je dugu senku, od kreveta do ulaza u ovu mornarsku rupu. „Moje ime ne znači vam ništa. Pa ipak, kazaću: Zovem se Leonidas i Grk sam iz Smirne. Trgujem različitom robom od ćilima do dragulja. Prava dobit u mome poslu je samo u dugim i ozbiljnim putovanjima. Potičem iz poznate trgovačke porodice. Moj otac i otac moga oca časno su stekli svoj imetak na dugim putovanjima po dalekim zemljama gde vladaju drugačiji običaji i govore se nama nepoznati jezici. Obišli su sve zemlje na crnoj, plavoj, beloj i crvenoj strani sveta, kako se to kaže. Mongoli, pa i Turci i u naše vreme označavaju strane sveta bojama. U staroj Kini bio je običaj da se narodima daju određene boje kao obeležje ili osobina; tamo su se i reke, oblasti i vojske raspoznavale po bojama. To je izraz jednog starog principa koji potiče iz davnih, magijskih vremena. I nebeski svod i podela sveta označeni su prema bojama. To su prihvatili mnogi narodi. More kojim sada plovimo Turci zovu *Ak Denizi* ili Belo more, a što zapravo znači Zapadno more jer je na zapadu od Male Azije.

Oženio sam se iz ljubavi. Mladini roditelji pripadali su istom cehu kojem i moji. Poznavali smo se od detinjstva. U početku nerazdvojni u igri. Potom, neosetno, sa godinama naiđe ljubav. Nije bilo nikakve prepreke obostranoj želji da se nađemo pred oltarom: obavismo taj čin uz pristanak i zadovoljstvo oba bratstva. Vrlo brzo žena me usreći blizancima: dečakom i devojčicom. Pred moj polazak na put sa velikim karavanom izmirskih trgovaca, prvo veliko putovanje otkako smo postali muž i žena, nju obuzeše čudna predosećanja. Molila me je, oblivena suzama da ne krećem na put.

Ali, oboje smo znali da je tako nešto nemoguće. Putovanje je obećavalo veliku dobit, a bez tog dobitka u budućnosti nam nije bilo života. Ona me tada pozva u sobu sa raspećem gde sam se pred slikom Božijom, iznad kreveta usnule dečice zakleo još jednom na vernost i što je moguće brži povratak. I sada u sećanju vidim taj prizor, i, kunem se milim Bogom, nikada, nikada, neće biti izbrisan iz moje svesti!

Neću vam pripovedati o raznoraznim peripetijama koje su pratile ovo naše sve u svemu uspešno ali i naporno putovanje. Sa otvaranjem novih puteva pojačala se konkurencija. Više se ne trguje samo vunenim i svilenim tkaninama, platnom, čipkom. Trgovci iz Venecije prednjače u staklu i ogledalima. Iz Brabanta i Flandrije izvozi se vuna, a iz Skandinavije žito i građa. Za uzvrat se dobijaju robovi i zlato iz zapadne Afrike, začini iz Indije i svila iz Kine. Naš put vodio nas je preko mnogih neobičnih i dalekih zemalja. Posle Persije i Indije uputismo se prema Egiptu, a odatle preko Nubijske pustinje prema sudanskoj luci gde nas je čekao brod za povratak kući.

No, u pustinji upadosmo u strahovitu peščanu oluju. Trajala je nekoliko dana i noći. U početku smo se nekako držali zajedno. Na kraju, razdvojismo se protiv volje. Vetar nas razbaca na različite strane, a pesak pokri sve tragove. Kada se vreme smirilo uvideh na svoj užas da sam ostao sam, bez hrane i vode u toj paklenoj pustoši. Pustinja je zemlja kojoj je Bog uskratio svoj blagoslov, i, kako neko reče, 'zemlja slična iskonskom haosu'. U svetim knjigama piše da u toj neplodnoj zemlji stanuju zli duhovi i druge opasne zveri. Hodao sam užarenim predelom izgubivši svaku nadu, a onda u predvečerje sledećeg dana ugledah u plavičastoj daljini šator. Pomislih: još nije sve izgubljeno. Požurih da stignem pre mraka koji se tako brzo i tako iznenada spušta u ovim surovim krajevima.

Moja znanja o Nubiji i Nubijcima behu veoma oskudna. Čuo sam da su nomadi, ali većinom hrišćani, osim onih koji su ostali verni staroj i tajanstvenoj veri svojih predaka. Poreklom iz Nubije bio je slavni dhu al-Nun za koga njegove pristalice govore da je jedan od stožera svemira. A nubijska pustinja predstavlja oblast posve neistraženu. O njoj se šire pripovesti užasa ali i dubokog poštovanja.

Kažu da je od svih boja plava najdublja i najmanje materijalna boja. Sačinjena je od prozirnosti i praznine. U pustinji se sučeljavaju plava boja neba i žuta boja zemlje. Strašni Džingis-kan rođen je iz veze plavog vuka i divlje košute. Plava boja, boja istoka kod nomada, nije od ovoga sveta, ona samo odražava bezgraničnu dubinu neba. U ovoj boji postoji nešto neljudsko, kako svedoče iskustva moreplovaca, lutalica i istraživača koji su se u nekoj od prilika suočili sa osobinama i moćima te zagonetne boje. Spominjem ovo da biste razumeli moja osećanja u času beznađa: što sam duže hodao činilo mi se da se predmet moga interesovanja udaljuje, a ne približava, a plavičasta izmaglica zgušnjava umesto da se rasplinjuje. A kada pustinja utonu u hladnu noć na beskrajnom nebu zasija sijaset zvezda. Ogroman šator iz koga je zračila bledo plava svetlost iznenada se ukaza neposredno preda mnom.

Već je u tome bilo neke čarolije, ali onako umoran i iscrpljen nisam mnogo razmišljao. Dovukoh se do ulaza u čador. Zavapih za pomoć. Na taj poziv pojavi se džinovski mulat, podiže me na ruke i unese unutra. Položi na udobnu, meku postelju. Unutrašnjost prostranog šatora beše osvetljena svetlošću više stotina sveća. Njihov bledo-plavi plamen davao je svemu natprirodan sjaj. Sve u tom šatoru beše od svile i drugih skupocenih materijala, uređeno sa mnogo ukusa i udobnosti. U jednom uglu na mnoštvu jastuka sedela je devojka lepote kakvu do tada ne videh, odevena u ruho koje je svedočilo o njenom visokom poreklu. Sve to zapazih u jednome trenu jer je strašan umor obuzeo moje telo, savladao moja čula i ja uzgubih svest.

Povrati me u život nežan poljubac; devojčine usne dodirivale su moje. U rukama je držala zdelu sa napitkom. Videvši da otvaram oči, prinese mojim žednim, ispucalim usnama piće. Ispih sadržaj zdele u nekoliko dugih gutljaja. Tečnost je imala čudan ukus nepoznatih mirišljavih trava i opojnost čudesnih svetova slasti. Život prostruja, osetih se pun snage; zaboravih na sve, na svoja stradanja, na prethodni život, na prošlost. Postojala je samo ona, nubijska princeza. Obuze me pomamna, nekontrolisana strast, želja da budem sa njom, da mi pripada, odsada pa za sva vremena; ništa drugo nije postojalo u meni osim te misli o neuporedivoj, zanosnoj lepoti. Osetih istovremeno divljenje i požudu, opasna osećanja kada se nađu zajedno. Opasna osećanja za obično ljudsko biće zalutalo u nubijskoj pustinji. Provedoh noć u dubokom ljubavnom žaru, opčinjen nezemaljskim plavetnilom njenih očiju. Potpuno sam se predao telesnim uživanjima. Sobom je donosila mračne i zanosne tajne duboke Afrike. U strasnom zagrljaju takve ljubavnice gubi se razum. U početku sam delićem svesti pokušavao da se suprotstavim bezumnoj opsesiji, a onda, nemoćan, prepustih pustinjskoj lepotici da zagospodari mojom dušom i mojim telom. Zaspah tek pred zoru.

Probudio sam se u sjaju jutarnjeg sunca. Nigde nije bilo šatora, ni strašnog mulata, ni moje noćašnje družbenice, nubijske princeze. Ležao sam na pesku, okružen peščanim dinama, ostavljen zlosretnoj sudbini. Krenuh

nasumce, na jug, osećajući u ustima ukus onog čarobnog napitka, dodirujući u viziji njena topla bedra, čvrste devojačke grudi, obuzet do sumanutosti noćašnjim doživljajem.
 Imao sam sreće. Susretoh grupu nomada. Išli su prema obližnjoj oazi. Oni me prihvatiše. Ispričah svoja stradanja, ne izostavljajući ni noćni susret u pustinji. Najstariji beduin u ovoj grupi, njihov iskusni vrač, reče: 'Bila je to pustinjska kraljica, najopasniji od svih duhova pustinje. Njena moć je u tome što nema stalnog oblika. Može biti sve: devojka, zver, oblak, cvet, dim. A onaj ko je sve, taj nije ništa. Ne poseduje svoju suštinu. Dolaziće ti svaku noć u snove jer si postao ljubavnik čudovišta užasnijeg i prepredenijeg od svih postojećih. Da bi je se oslobodio, moraš znati saznati ko je. A to nije moguće. Ona je zagonetka sa mnogo istovremenih rešenja. A kad je rešenja mnogo nema onog pravog. Uvek ostaje zagonetka'. Ove čudne, uznemirujuće reči, donese mi veliko nespokojstvo. Bejah zarobljen između dve zakletve na vernost: one date svojoj venčanoj ženi u domu u Smirni i ove druge, đavolici, pod dejstvom čarobnog napitka. Glasno sam preklinjao zao udes, žaleći što poput svojih drugova nisam stradao u peščanoj oluji. Htedoh da podignem ruku na sebe u bespomoćnom očajanju. Stari beduin mi pruži zelenoplavi kamen, koji je nosio oko vrata. 'Ovaj smaragdni skarabej zauzimao je mesto na srcu preminulog faraona. Dogod je uz tebe nijedan demon iz pustinje neće smeti da ti priđe, ni po danu, ni po noći. Ne smeš se više nikada, do kraja života, razdvajati od tog kamena!'
 To je moja istinita priča, prijatelju. Amajlija me štiti od duhova. Oni su svuda oko mene. Prošlo je već mnogo godina kako sam otišao od kuće, ali princezina moćna volja ne dozvoljava mi da se vratim. Postavlja prepreke koje sa mukom savlađujem: poplave, zemljotrese, brodolome, odvlači me sa puta. Hodam u krug, udaljujem se... A vreme prolazi. Sada mi se čini da sam konačno iz-

makao đavolicinom uticaju, da sam se približio svome domu. Još samo nekoliko dana plovidbe..."

Slušao sam pažljivo njegovu neobičnu ispovest, zaboravivši na vreme. Sa palube dopre do nas iznenadna buka, mnogi koraci, galama, povici, krici. Obojica požurismo uz stepenište da vidimo šta se događa. Jedva sam u tami raspoznavao ljudske prilike međusobno sukobljene, izvučene mačete i noževe čije su oštrice tu i tamo povremeno zasijale u noći. Grk je posmatrao bitku.

„Napali su nas morski gusari i uskoro će potpuno ovladati brodom", reče očajnim glasom. Na mesečevoj svetlosti videlo se kako bacaju u more tela pobijenih mornara.

„Nalazimo se u vlasti okrutnih korsara, možda samoga Khair-ed Dina, najopasnijeg pirata u ovim morima. Ako ostanemo živi, bićemo prodati na nekoj od pijaca robova u dalekim istočnim zemljama."

II GLAVA

Na gusarskom brodu. Vražji levak. „Mračna noć duše". Nepoznata obala.

Naš novi gospodar Khair-ed-Din bio je poreklom Grk. Sposoban pomorac, strah i trepet Sredozemnog mora. Ma koliko se bavio nečasnim poslom njegova slava je velika, a o njegovim pothvatima se priča i piše. Progovorio je nekoliko rečenica na grčkom sa mojim saputnikom, trgovcem ćilimima; posle toga oslobođeni smo rada na brodu i čamljenja u potpalublju. Dobismo dozvolu slobodnog kretanja među opasnim piratima. Ipak, neprestano su nas držali na oku. Grk se poslužio lukavstvom kako bi olakšao naš nimalo zavidan položaj: ispričao je piratskom vođi da smo trgovci iz bogatih porodica spremnih na pozamašan otkup.

Taj dan plovili smo dosta mirno, prolazeći kraj ostrva i usamljenih hridina zapljuskivanih talasima prozračnog, toplog mora. Negde oko podne oseti se užurbanost na palubi. Pirati, govoreći međusobno na raznim jezicima, ali, očevidno dobro se razumevajući, pokazivali su prema pučini koja se gubila u lelujavoj izmaglici. Izgleda da je u pitanju bio neki prirodni fenomen. Uskoro i sam opazih čudnu magličastu nit. Spajala je površinu mora sa nebeskim svodom. Pojavi se i naš novi tamnoputi zapovednik dosta divljeg izgleda, ne krijući uznemirenost zbog ove pojave koja je očito izbezumljivala članove njegove posade. Na nas više niko nije obraćao pažnju, toliko su bili obuzeti onim što se tek nagoveštavalo u daljini. Moja dotadašnja životna iskustva nisu obuhvatala ovakve pojave, morem sam plovio prvi put a i sada protiv svoje volje. Saznanja o tajnama neba i zemlje dobijao sam iz proučavanja Tore i talmudskih knjiga a u njima, nije bilo opisa pojava sličnih ovoj. Neočekivana užurbanost sa znacima panike (ponašanje sasvim neuobičajeno za ovako iskusne i prekaljene moreplovce) kod zatočenih putnika stvarala je novo osećanje strepnje, pridodato već onom mučnom osećanju straha za sopstvenu sudbinu od trenutka razbojničkog prepada.

Maleni, ali hrabri grčki trgovac ćilimima priseti se kako je slavni filosof Aristotel u nekom svom spisu spomenuo čudovišta – morske zmije što su pokraj obala Libije napadale i prevrtale galije proždirući posade i putnike. Na aramejskom, jeziku trgovaca meni sasvim razumljivim, opisivao je užasna stvorenja čija se gigantska tela valjaju pod vodom, dok dugi, ogromni vratovi sa zmijolikim glavama i očima veličine asirskih činija dodiruju same oblake. Gusari su jurili na sve strane, zatežući užad. Kroz vazduh se prolamao zastrašujući glas Khair-ed-Dina i njegovih divljih pomoćnika. Nekoliko Mavaraca već se hitrim skokovima uzveralo na vrh katarke razvijajući jedra, prebacujući se mačjim skokovima sa jedne strane na drugu. Svi behu u neviđenoj žurbi pripremajući se za neki naročit trenutak, očito u vezi sa onom lelujavom trakom magle, daleko na horizontu.

Nebo je inače bilo vedro, blistavo plavo. Ali sva naređenja koja je užurbanim i odlučnim glasom davao zapovednik kao i ono što su ispunjavajući ih činili prekaljeni morski vuci, beše usmereno jedinome cilju - da se razviju sva jedra i zaplovi najvećom mogućom brzinom prema obali. No, gotovo potpuno odsustvo vetra činilo je ovaj posao uglavnom uzaludnim. Pramac je sa vrlo malo snage sekao mirnu površinu vode, uprkos podignutim velikim jedrima. To što posada i iskusni piratski kapetan nisu odustajali da u ovim nemogućim uslovima za plovidbu pokrenu svoju uspavanu lepoticu samo je bilo očevidno svedočanstvo goleme strepnje koja ih je obuzela. Iz toga se moglo zaključiti da je nešto zaista ozbiljno po sredi jer su se ti neustrašivi i krvoločni borci sa dosta razloga dičili kako su neprikosnoveni kraljevi morskih voda i priobalja.

„Tako mi boginje Nereide", povika iznenada Grk, „naslućujem pravi razlog ove iznenadne pometnje!" On je zurio u daljinu, prema nadolazećoj opasnosti. Po svemu sudeći, dragi prijatelju, uskoro ćemo se susresti sa jednom prirodnom pojavom koju nazivaju 'vražji levak', ili ako vam se više dopada 'srce uragana'. Ponegde možete čuti izraze: 'nebeski vrtlog' ili 'morska pijavica'. Sve su to različita imena za istu pojavu. Mornari pripovedaju kako se u središtu ovoga vihora nalazi prolaz kojim se sa neba na zemlju spušta hiljadu puta hiljadu demona i da su to najnevaljaliji među zlim đavolima".

Ove reči moga saputnika izazvaše u meni nostalgična sećanja na spise iz kojih sam dobio sva važna znanja o svetu. Tamo piše o postojanju četiri negativna sveta iza njihove pozitivne egzistencije. Te svetove povezuje mistična spirala kroz koju diše kosmos. Sve ističe iz jednog izvora i tome se izvoru vraća. Spomenih svome saputniku da je moguće pretpostaviti kako je nebeska spirala samo jedan oblik lavirinta u kojem lutaju duše izgubljene između svetova.

Ovo tašto nadmetanje u poznavanju skrovitih tajni prirode prekide naređenje gusarskog kapetana dato njegovim razbojnicima da sve zarobljenike čvrsto privežu uz delove brodske opreme. Verujem da je to činio iz predostrožnosti, strepeći da nailazeći uragan ne počisti i deo ljudskog plena već ugovorenog za neku od čuvenih pijaca robova. Sudba mi opet odredi mesto pored Grka. Obojicu nas vezaše grubim mornarskim užetom uz donji deo jarbola.

Onaj kovitlac, uzrok čitave pometnje, sada se od bezazlene izmaglice u daljini preobrazio u zastrašujući tamni stub gde su se izmešani kovitlali voda i oblaci. Nismo mogli znati šta se događa u njegovom središtu, možda neka od onih čudesa zapisanih u knjigama o kojima smo pre nekoliko časaka raspravljali. Gledano izvana, svi mi, čuvari i zatvorenici, gospodari i robovi, bejasmo izjednačeni u strepnji, bića od krvi i mesa, suočeni sa grozotom i užasom, jednom višom silom, iznad ljudske snage i uma. Oni koji su do malopre bez pogovora bili pravi gospodari nad našim dušama i telima, sada su jednako kao i mi mrmljali u sebi ili naglas molitve za spas, verujući u neko čudo koje će nas izbaviti od ove katastrofe. Jer, valja reći, uprkos svim naporima posade i kapetana, uraganski stub kretao se upravo prema nama kao da mu je cilj uništavanje razbojničkog legla. Osetivši iznenadnu bespomoćnost ali i neku vrstu strahopoštovanja pred jezivom neizvesnošću koja je natkriljavala budućnost, glasno se pomolih stihovima Jehude Halevija:

Obuhvaćen srcem golemih morskih voda,
doviknuću svome srcu,
preplašenom i nespokojnom od užasa koji se bliži;
Ako veruješ Gospodu stvoritelju mora
Onome čije je ime večno,
ne plaši se dolazeće oluje.
On je sa tobom, on vlada morem.

Grk me sasluša sa očitom blagonaklonošću, a onda reče: „Moje godine, mladiću, daju mi neporecivo pravo da se u ovom slučaju postavim kao onaj ko će svojim iskustvom pomoći da spremno prihvatitimo ono što nam je sudba namenila. Mnogo toga sam video i preživeo, toliko puta bio suočen sa velikim opasnostima, a iz svega izvukao najvažniju istinu - živimo u svetu pravih i velikih čuda. Prvo čudo bilo je kada je ni iz čega nastalo sve ovo oko nas, mora, kopna, životinje i mi u svemu tome. A ono što se dogodilo jednom, može se dogoditi još bezbroj puta!" No, pošto primeti da me ove reči nisu naročito utešile, jer je iz njih zapravo proizilazilo kako nam je jedino uzdanje u nadnaravno, on nastavi: „Uveravam vas da je najveći broj udesa i nedaća posledica delanja negativnih sila; radi toga pored skarabeja nosim na svojim grudima i egipatski amulet, štit od nesreće. Skriven je ispod košulje, a zapadnjaci ga nazivaju Ozirisovo oko".

Moram priznati da je moja pažnja u tom času bila usmerena prema onome što nam se neumitno bližilo, zvali to prirodnim fenomenom ili đavolskim delom. Vedro nebo zatamne, a azurna površina mora preli se sivilom. Galebovi koji su do tada pratili piratski brod uz uznemirujuće krike poleteše prema otvorenoj pučini. A ono što je bilo razlog svim ovim promenama dobijalo je razmere ogromnog od huke zaglušujućeg vodenog zida koji je dolazio sve bliže. Iskusni zapovednik stajao je nedaleko od nas, opčinjen, a njegovi mornari tumarali su izgubljeno po palubi, izgovarajući najstrašnije kletve i psovke na raznim jezicima i dijalektima, tražeći pouzdan zaklon, kao da se živ čovek može negde sakriti od svoga usuda.

Maleni Grk nagnu glavu prema mome uhu nadjačavajući tako onaj grozomoran zvuk koji se probijao iz središta mistične spirale. „Pošto nam ne preostaje ništa drugo nego da čekamo, moramo verovati u nevidljive zaštitinike. Talismanima zahvaljujem što sam još uvek čio i zdrav. U Vaviloniji, Asiriji i Egiptu amuleti su smišljani i pravljeni od vrsnih majstora pridodatih velikim hramovima, uz blagoslov velikih sveštenika". Suvih usana od iznenadne jeze i groznice nisam imao snage da odgovorim; bezbrižno držanje moga saputnika činilo se neprimereno času velikog iskušenja pred kojim smo se nalazili. „I sam Plutarh", nastavi on sa brbljanjem „svedoči o urokljivim očima i pogledu koji ubija kao otrovna strela."

Upravo u tome trenu dalji sled događaja prekide razgovor. Sa svom silinom dodirnu nas prvi dah paklenog kovitlaca nagoveštavajući nadolazeću strahotu. Uskovitlano more i prevrnuta nebesa obuhvatiše čitav vidljivi svet. Urlik pomahnitalih voda zagluši sva čula. Osetih kako preko zategnutog konopa Grkova ruka obuhvati moju uz povik: „Idemo zajedno, mladiću, makar u pakao!"

A zatim silinom najžešćeg uragana uletesmo u neopisivu lomnjavu, uskipelo sevanje, ludilo. Tu više nije bilo ničeg što je razum mogao da proceni i prihvati. Kroz tamu koja nas iznenada obuhvati letele su svetle kugle rasprskavajući se u stotine malih vrtloga, a onda se otvori beskonačna provalija bezdana u koju sunu čitava brodska skalamerija raspadajući se na bezbroj sastavnih delova a ovi poleteše u taj novi svemir što se iz divljih maglina rađao pred našim očima. Postojalo je u tom prizoru nešto veličanstveno ali i apsolutno izvan iskustva ovoga sveta, nekakvo moćno osećanje dubokog utapanja u ništavilo. Neka mi bude oprošteno zbog poređenja, ali ja verujem kako je takav doživljaj opisan samo rečima najvećih mistika, koji su prošli sedam nebesa i našli se pred prestolom Onoga čije se ime ne sme izgovoriti. Bilo je to ponajpre osećanje nepojmljive dubine i bezgranične pustoši. I misao i srce plovili su ka izvoru svega postojećeg, prema izvoru svih izvora, tamo gde više nije postojalo „gore" i „dole". Moj duh se odvojio od moga tela i u jednome trenu prišao sam najvećoj tajni *hohma nistara,* skrivene nauke. Ali sve to, tajanstveno poniranje, hiljade kovitlaca, osvetljena nebesa, oko oluje koje lebdi kao znak gospodnji, sve sam to na neki neobičan način istovremeno osećao kao ponor vlastite duše, kao susret sa samim sobom, ono što je svaki učenik Kabale, nazivao mističkom nostalgijom, malenošću uma ili najsavršenije: „mračna noć duše". Tamo gde se stvarao ovaj vrtlog, nastajao je i veliki Južni Vetar, izvor svih duša. Izvor svih duša blista u svetlosti četvrtog dana stvaranja sveta; duše se spuštaju iz vrtoglavih nebesa u duboku tamu ljudskih tela. Kao dete gušio sam se u suzama zastrašen sudbinom toga elementa, duha ili demona, koji je po nekoj surovoj volji slobodu i blaženstvo morao pretpostaviti tami i ropstvu. A onda sam se upitao: ko sam zapravo ja? Gospodar ili tiranin? Bezobzirna, na smrt osuđena materijalna tvar što tlači dušu rođenu u božanskim predelima, ili sam duša što prezire telo i čezne za izgubljenim rajem? Sažaljevao sam se nad nečim što mi se činilo uzvišenim u odnosu na grubi i surovi svet svakodnevice; ta fluidna stvar koja je u meni postojala, gušeći se u tmini, ta uznemirena, draga, nepripitomljena zver iz dalekih egzotičnih krajeva, pretvorila me je sveg u veliku čežnju za neizmernim, nedosegnutim, za ezoteričnim putovanjem i predelima gde duvaju prvobitni vetrovi stvaranja. Poneo sam takvo osećanje iz detinjstva, još uvek ga nosim i biće sa mnom i u meni dogod postojim. I ako nekako mogu opisati to što sam doživeo u središtu uraganskog vrtloga opisao bih kao blaženstvo nekog ko je iz mraka prišao svetlosti, širom otvorio dugo sklopljene oči i neobjašnjivim se čudom umesto u skučenoj zatvorskoj samici odjednom našao u velikom, neizmernom i blistavom svetu dostojnom jednog Moše de Leona.

Ali to u šta sam se pretvorio, to što sam bio pošto sam napustio sopstveno telo, pohitalo je prema samom izvoru svetlosti, prema tim bezbrojnim jezerima, rekama, okeanima zasenjujuće prozračnosti kroz koje su se prelivale zrake onog najtajnijeg izvora svega postojećeg. U isti mah kada sam osetio najpotpuniju radost, mistična spirala u čijem je središtu lebdela moja ogolela, ranjiva duša, zakovitla se dodirnuta nepoznatom silom i sve se poče pretvarati u svoju suprotnost, svetlost se sjuri u kiptuće levkove gonjena tminom što se dovlačila iz dubina, a iz sve te nagle i strašne promene izdvajao se i preda mnom stvarao oblik nekog čudovišta, nekakav Behemont slonovske glave i ptičjeg tela čiji su nespretni, teški pokreti proizvodili orkanski vetar. Ta se spodoba iznenada ustremi prema meni.

Ne znam šta je to moglo biti ako ne onaj neljudski oblik duha koji se još naziva *duh prirode*. Slušao sam o tome mnogo priča. Čitava priroda opsednuta je takvim duhovima. Oni predstavljaju onaj vid sveta kao što su reke, mora, planine, zvezde na nebu, tajanstvene šume, smrtonosne pustinje, sunce i mesec. Šta je čovek prema njima? Šta ljudska duša? Zračak svetla ili zrno prašine. Ili kako je moj učitelj govorio: *ruah,* dah podaren od Boga. Jedan dašak suprotstavljen oluji. Oluja sada predstavljena u obliku najmoćnijeg demona, šireći oko sebe užas sadržan u nezajažljivoj moći ružne, pomahnitale zveri, zveri iz bezdana, gutala je duše pirata, njihovog roblja, dušu broda i dušu svakog pojedinačnog predmeta i oblika što je poput iskre treptao u ludačkom vrtlogu.

Video sam kako izgleda kraj sveta, kraj svega, kako izgleda ništavilo.

U taj čas u onoj buci koju su stvarali podivljalo more, sumanuti vetar i urlici demona začuh šum velikih krila. Začuh ga pre nego što se u dubini tame otvori pukotina kroz koju probi širok zrak svetlosti a onda kroz taj prolaz dolete veliki orao, taj kralj ptica, kako ga nazivaju u našim krajevima. U petoknjižju anđeli često imaju oblik orla. Ali znam da je u mnogim pripovestima okrutan grabljivac i otimač. Obuhvatio je svojim džinovskim kandžama moje telo dok je beživotno plutalo između neba i zemlje. Gledao sam to sa strane, iz visine, bejah samo Bogu podoban dašak, duša van tela koju je jurio demon, a čije je obitavalište postalo plen nebeske ptice grabljivice. Ne znam kako ni zašto ali tada izgubih svest o sebi i više mi nije poznato šta se sve događalo, dok ne otvorih oči. Ležao sam u nekoj kamenitoj uvali. Iznad mene je sijalo toplo podnevno sunce, čulo se pevanje ptica i jednolično struganje zrikavaca. A kraj mene, činilo se, bezbrižan kao uvek, sedeo je moj sudrug u opasnim avanturama, maleni Grk.

Gotovo bez daha ispričah mu svoj doživljaj ili svoj san, pitajući se na kraju da li se to opet nalazimo u onom svetu iz kojeg nas je ponela božja oluja ili je ovo neki drugi svet ili neki novi san. Grk se samo nasmeja i reče da potpuno veruje mojoj priči. Naslućuje da je moj orao spasilac onaj za koga se u Grčkoj veruje da kreće sa kraja sveta i zaustavlja se na vrhu Omfalosa u Delfima. Ta ptica prati sunčevu putanju i njen let, a moje spasenje znači da sam pod zaštitom nekog od dobrih anđela. On je takođe prošao kroz čudesnu avanturu. Čuo je šum krila o kojem pripovedam ali ih je video kao krila dve boginje, Izide i Neftis, zaštitnica boga Ozirisa. „Boga Ozirisa njegov zavidni brat Set osakatio je i raskomadao, zatvorio u kovčeg i bacio u Nil, a boginje su ga uskrsnule svojim dahom. Oziris je pobednik nad onim koga nazivaju *pretkom svih Gala, mračnim plesačem, Opsenarom, velikim Koscem.* Mi smo, dragi moj, prošli putem kojim je malo ljudi prošlo. Ja sam u tom bezdanu što je kipteo na sve strane kao neka uzavrela svemirska čorba, jasno video ogromno oko. To nije bilo oko nubijske čarobnice. Svojom božanskom nepristrasnošću svetlelo je poput sunca u onoj prokletoj tami štiteći pristalice Ozirisove moći. Zar nisam govorio o neograničenom poverenju u ovu posvećenu stvarčicu? Izbavljeni iz gusarskog ropstva kroz levak vremena spušteni smo na nepoznatu zemlju."

Uspravih se i pogledah oko sebe. Nalazili smo se u predelu sure, kamenite zemlje sa retkim rastinjem. Pomislih u jednome trenu kako smo volšebnom moći našega spasioca bačeni u *gehinom,* mesto u svetoj zemlji gde su se okupljale duše grešnika. Ali kao što spomenuh, zvuci oko nas bili su zvuci života, a ne podzemlja, a uzak, vijugav put vodio je negde prema udaljenim visovima gde ima, slutili smo, hrane, vode, šuma i ljudi. Bez mnogo oklevanja pođosmo ovim jedino mogućim pravcem, ne sasvim bez strepnje, jer smo bili tuđinci u tuđoj zemlji. Sa dubokom poniznošću zahvaljivali smo se onome ko nam je omogućio da i dalje hodamo prašnjavim i tvrdim putevima zemaljskim.

III GLAVA

Tajno društvo ubica. Lutajući duhovi. Fansigarov san. Preobražaj. Pokolj bengalskog tigra. Kazna boginje Kali.

Grka nije napuštalo njegovo dobro raspoloženje. Zagledao se u daljinu prema neodređenom cilju našega kretanja. „Ako niste zaboravili počeo sam priču o urokljivim očima, ali je nailazak mističnog oblaka, odložio moju pripovest." Zamolih ga da nastavi. Putovanje brže prolazi kada reči prate korake. „Poznavao sam čoveka dobrog srca i nežne duše koji je imao urokljive oči, pa je samoga sebe oslepeo kako bi sačuvao porodicu od propasti i zaustavio nesreće prouzrokovane ovim opakim darom", reče Grk. „Različiti su oblici čovekove izopačenosti: Đavolje oči, zle misli koje ubijaju na daljinu, sklonost ka demonskim preobražajima. U zemlji koja se zove Indija (a ta zemlja tajanstvenošću i čudesnošću nadmaša sve druge zemlje), zabeležene su pojave da se ljudi u određenim okolnostima pretvaraju u zveri. A posle opet uzimaju ljudski oblik. Antički naziv *versipelles* odnosi se upravo na tu vrstu ljudi koji mogu da menjaju oblik ili kožu. Onaj o kome pričam zvao se Sadi Baba i pripadao je sekti *fansigara* ili *davitelja*, jednoj i za Indiju neobičnoj sekti, ili bolje reći tajnom društvu čiji su pripadnici preko dana živeli sasvim običnim životom zemljoradnika ili trgovaca a noću su sačekivali putnike, ubijali ih i masakrirali da bi zadovoljili zahteve svoga kulta, obožavanje boginje Kali, boginje smrti. Po njihovom verovanju, u davna vremena svakoga čoveka po rođenju gutao je demon. Boginja je parala utrobu demona i tako spasavala tek rođenu decu. Iz svake kapi demonove krvi rađao se novi demon, pa je ova zaštitnica ljudskoga roda naučila svoje zemaljske podanike kako da se obračunaju sa demonima. Dozvolila im je takođe da kao znak odanosti prinose ljudske žrtve, a ubijanjem i pljačkom obezbeđuju sebi i svojim porodicama podnošljivu svakodnevicu. Sa kolena na koleno u porodicama *fansigara* prenosio se i usavršavao krvavi zanat; u svojim dušama i svojim telima nosili su nasleđe ritualnih ubica.

Taj čovek o kome pričam, Sadi Baba, poticao je iz poznate i cenjene porodice najčuvenijih *fansigara*. Po prirodi stvari u svakome od ovih ubica živele su po dve ličnosti: ona koja je pripadala dnevnom i ona koja je pripadala noćnom životu. Ako je obeležje mukotrpnog težačkog, dnevnog života izraženo u likovima zmije, zeca ili magarca, onaj noćni prikazan je kao vreme sove ili gavrana, a najbolji srećan znak predstavljalo je prisustvo tigra. Da li ste čuli za izreku: 'Ljudi koji su gladni tragaju za hranom, a oni koji umiru od gladi ponašaju se kao ludaci?' E, pa mnogi od *fansigara* ili *tagova* kako su ih još zvali, najbolje i najlakše poistovećivali su se sa tigrom, tom zveri koja ubija brzo i efikasno, a čije je krvožeđe sasvim blizu savršenstva. A *fansigar* obučen za ritualno masakriranje žrtava po prirodi stvari u tigru vidi idelano ovaploćenje svoga ukupnog bića. On postaje tigar u svesti i duhu, sa jasnom i dubokom čežnjom za fizičkim preobražajem. Sadi Baba je živeo u uverenju da je njegova divlja i okrutna duša tigra zarobljena u ljudskom telu. Jedno indijsko verovanje kaže da u drugom svetu koji postoji izvan naših čula, postoje dobri i rđavi duhovi. Ti nestalni i lutajući duhovi nastanjuju se u telima životinja, kroz njihove oči i uši gledaju i slušaju šta se zbiva na ovome svetu. Zato se u Indiji često čuje kako su oči tigra urokljive, da se iza njih krije demon, a čovek začaran ovim pogledom gubi razum i postaje žrtva mahnitosti."

Grk na ovome mestu prekide priču jer smo upravo prolazili kraj udoline kroz koju je žuborio bistri potok. Napismo se hladne planinske vode, primajući ovo okrepljenje kao božji blagoslov. Osveženi i puni nove snage odmah smo pošli dalje, a nastavak puta doneo je i nastavak priče.

„Jedan sveti čovek koga je Sadi Baba uputio u svoje patnje posle dužeg razgovora sa fansigarom našao je razjašnjenje ove opsednutosti: ona je dolazila iz sna, jednog istog sna koji se Sadi Babi ponavljao: Na jednom proplanku, na putu Delhi–Agra susreće ogromnog tigra, plamenih očiju. Taj plamen razdirao je sada i duh i telo izbezumljenog čoveka. Danju se tresao u groznici, zapostavivši porodicu, radove u polju. Senka noćne zveri ušla je u njegov svakodnevni život, a to je po zakonima *fansigara* bio jedan od velikih grehova. Sveti čovek uputio je taga jednom nadaleko čuvenom čudotvorcu koji je dobro poznavao sve kultove a razumevao se i u magiju. Ovaj čudotvorac živeo je u obližnjem selu, u staroj naseobini oblika pagode. Govorilo se da je pagoda stara više stotina godina o čemu su svedočili njeni potamneli zidovi izloženi tokom vekova tropskom suncu. Čudotvorac je takođe bio veoma star, ali tačne godine se nisu mogle proceniti. Sadi Baba je proveo kraj njega nekoliko dana i noći čekajući na trenutak kada će moći da kaže nešto o svojoj nevolji. Čudotvorac je prekrštenih nogu i opuštenih ruku sedeo bez i najmanjeg pokreta, ukočenog pogleda prema udaljenim visovima pokrivenim džunglom. Bio je 'na putovanju' kako su govorili i svaki posetilac je morao čekati da se sa putovanja vrati.

Posle dugog i upornog čekanja Sadi Baba konačno dobi priliku da razgovara sa čudotvorcem. Ovaj, razmislivši dobro, reče: 'U dolini Nerbuda postoji jedna koliba u kojoj sam proveo dobar deo svoje mladosti. Otići ćeš tamo i provesti četiri dana u postu. Potom ćeš pojesti ovaj plod'. Iz nedara izvuče nekakav košutnjav plod i pruži ga Sadi Babi. 'Tada će početi tvoje putovanje kroz tamu. Videćeš strašne scene, biti na velikim iskušenjima, poverovaćeš da umireš. Pre nego što se dogodi preobražaj doživećeš vrhunac užasa i najveću stravu. Dolazak do velike Misterije jednak je putovanju kroz lavirinte smrti'.

Bolesni *fansigar* slušao ga je pažljivo, ali još uvek ništa ne shvatajući. Čudotvorac nastavi: 'Jednu noć živećeš u telu tigra. Bićeš gospodar džungle. Niko neće moći da odoli tvojim kraljevskim kandžama. Tvoje moćne čeljusti samleće svakoga neprijatelja. Jedna noć u telu tigra izlečiće te od čežnje koju sada osećaš. 'Čudotvorac otvori kutijicu koja mu je ležala kraj nogu i izvuče odatle pergament. 'Ali zapamti, pre zore moraš se vratiti u kolibu u dolini Nerbuda. Data ti je samo jedna noć.' On razvi pregament. 'Ovde su ispisani kabalistički znaci i magijski simboli tamilskim slovima crvene, zelene i crne boje. U uglu su veliki hijeroglifski simboli sunca i meseca. A ovi krugovi predstavljaju ljudske oči i one imaju moć i snagu da te ponovo vrate u ovaj svet. Ako ti duša i telo budu razdvojeni i pet hiljada milja, ovi tajanstveni znaci opet će ih spojiti! Samo, opominjem te: pre prvih jutarnjih zraka moraš ponovo biti u kolibi!'

Sadi Baba se vrati kući. Postupajući po savetu čudotvorca, on već sledeće jutro pođe na put. Posle dva dana putovanja stiže u dolinu. Pronađe kolibu u podnožju jedne velike stene. Posveti se postu, a po isteku propisanog vremena pojede košutnjav plod gorkog, neprijatnog ukusa. Telo poče iznutra da mu gori, srce udara takvom silinom da su se zidovi kolibe tresli.

Oko njega su se okupljali zli duhovi, visili su sa tavnice, okupljali u uglovima, čekajući njegovu dušu. Teško i bolno duša se odvajala od tela, izlazila je deo po deo na nozdrve, kroz oči, usta, kao raskidani pramenovi magle koji su lebdeli u polumraku kolibe i spajali se, uz kikotanje i podvriskivanje demona. Beživotno telo ostalo je da leži na podu. Video je kako zli duhovi kidišu na njega, odsecaju mu glavu, a zatim telo seku na sitne komade. Kroz vrata kolibe izleteli su u noć. To što je osećao bilo je teško iskazati. Više nije bio Sadi Baba, ali je još uvek mislio kao Sadi Baba. Bio je pramen magle koji je sa gomilom demona lebdeo iznad džungle, a fizička bol postojala je u njemu. Mesec u punom sjaju lebdeo je nad prašumom iz koje su dopirali krici noćnih grabljivica.

Jedna ogromna ptica kukastih kandži i dugog repa pojavi se na tamnom horizontu. To beše ona ptica o kojoj je Sadi Baba slušao da se pojavljuje dva puta u čovekovom životu, na njegovom duhovnom rođenju i kada umire, da uzme njegovu dušu noseći je u Donji svet, ili Kraljevstvo zapada.

Ali tu su bili demoni da zaštite dušu. Na vreme je povukoše u dubinu džungle. Tako je dospela na pravo mesto, do brloga kraljevskog tigra. Sadi Babina duša uvuče se kroz ogromne čeljusti zveri u telo zveri. Tigar je upravo kretao u lov. Strašnim urlikom koji se nadaleko čuo, tigar je izražavao pometnju zbog uljeza u sebi. Verovatno nijedan *fansigar* još od doba persijske lake konjice (od kojih kako kažu potiču ove ubice) nije doživeo ovo što je doživeo Sadi Baba. Bio je u utrobi zveri kao što su se prvi ljudi nalazili u utrobi demona. I žudeo je ne za nekoliko kapi krvi, nego za morem krvi. Sada je vladao dugim, elastičnim udovima, telom koje se nečujno provlačilo kroz šiblje, savršenim njuhom, kandžama sposobnim da rastrgnu svako živo biće. Video je svaku sen u tami, konture jednog izobličenog sveta u kojem je želja za ubijanjem bila jaka kao večna glad, neki poseban oblik opijenosti ili ludila.

Više nego ikada pre, sada potpuno i do kraja, osećao je ono što svaki *fansigar* nosi u sebi – da je moćno oruđe u rukama boga i sudbine. Nije dirao male zveri koje je mogao da usmrti dodirom šape. Njegova glad, njegova žudnja, bili su apsolutni, tražio je ljudsku žrtvu. Poznavao je mesto gde su noću zastajali karavani a putnici mogli da predahnu. Veliko, moćno telo kraljevskog bengalskog tigra poslušno se upravljalo prema njegovim naređenjima. Duša Sadi Babe činila je veličanstveno jedinstvo sa ovom gomilom napregnutih, savršenih mišića, najsavršenijim božjim stvorom za lov i ubijanje.

Ljudski zadah osetio je izdaleka i to je u njemu izazvalo radosno uzbuđenje, ali i opreznost. Ljudi su sedeli, okupljeni oko vatre. Zver je zastala jer je plamen bio njen iskonski neprijatelj, ali gospodareća misao oličena u duši Sadi Babe naredila je da ide dalje. Tigar se odupirao svim svojim instinktima ali razum uljeza, nešto sa čime se krvoločna životinja dosada nije suočila, imao je vlast i moć boga. Novi gospodar u njemu dao je zapovest za napad na usnula ljudska telesa tako što će se uzverati na široku granu nadvijenu nad odmorištem a onda neočekivano, iz visine, sunuti u taj metež kao kazna koja dolazi sa neba.

Napravi neviđeni pokolj. Leteli su naokolo plameni ugarci, ali i delovi ljudskih tela. Rasturao je utrobe i kidao meso golemim očnjacima. Taj grom i munja u isti mah mleli su sve živo pred sobom ne ostavljajući ljudskim bićima nimalo vremena da shvate šta se događa; ni reč za molitvu, za pokajanje. Svuda samo krici, jauci, potoci krvi. Veličanstveno odavanje počasti boginji smrti. Pir kakav dugo nije viđen u ovim krajevima, o kojem će se potom godinama pričati. Nije iznenađivala smrt, jer tu je već bilo mnogo umiranja, harale su bolesti, razbojnici, pripadnici kultova, u ovom slučaju užasavala je silina uništavanja. Besomučna duša *fansigara* u telu krvožednog tigra. Opijena slašću čarobne i podatne noći raspomamljena zver osvajala je u dugim skokovima tajanstveni prostor džungle lebdeći između neba i zemlje osnažena kraljevskim obedom ljudske ploti i krvi. Nije mogla slutiti da u času trijumfa upravo juri prema svojoj zlosrećnoj sudbini. Jer upravo u tom šasu, ovim istim putem koji je vodio između visokih krošnji i kroz visoku travu, vraćao se svome domu na obodu prašume trgovac kožom, *hariđan*, pripadnik kaste 'nedodirljivih'.

Strogi zakoni *fansigara* najstrožije zabranjuju da se ovoj 'božjoj deci' učini bilo šta nažao. No, ko je mogao zaustaviti životinju omađijanu krvlju, noćnog lovca na divljač u transu krvavog pira? Snažnim udarcem džinovske kandže tigar raspoluti *hariđana*, a onda njegove ostatke raznese zubima. Sadi Baba u utrobi tigra u isti čas shvati težinu prestupa. Tigar zacvili glasom bespomoćnog deteta. Bilo je kasno. Zabrana beše prekršena, veliki greh učinjen. Sadi Babinu dušu obuzela je panika, a nebeska zver do pre nekoliko trenutaka izjednačena sa samim božanstvom pretvori se u veliku, strašljivu mačku koja se provlači čestarom obuzeta ludačkim strahom. Ošamućen od užasa prestupa Sadi Baba u telu zveri lutao je divljinom džungle dok ne stiže do obale rečice, odasvud okruženoj gustim i bujnim rastinjem. Mirna površina prelivala se u sjaju punog meseca. Sadi Baba natera tigra da priđe samoj obali i ogleda se u bistroj vodi. Prvi put ugleda svoj životinjski lik, glavu nemani sa ogromnim krvavim čeljustima i dva plamena, urokljiva oka. Požele da se što pre oslobodi čarolije i pomoću tamilske formule vrati svoje pređašnje obličje. Ali moć očiju u čijim su se uglovima krili zli demoni oduze mu svu snagu odlučivanja, srebrnasto telo tigra savlada iznenadni umor. Zver se opruži u čestaru i utonu u dubok san.

Kada se duša Sadi Babe konačno probudi iz teškog mamurluka zora je već uveliko nagoveštavala sjaj novoga dana. Povukoše se noćne senke, krupne, sočne biljke okretale su latice prema izlazećem suncu, bezbroj raznobojnih otsjaja ispunjavalo je džunglu. Sadi Baba se tada priseti čudotvorčeve opomene da pre svitanja mora biti u kolibi. Veliki tigar gonjen unutarnjim glasom pojuri prema dolini Nerbuda. Ali zora je već zarudela, a uskoro čitav krajolik zablista pod suncem. Hitao je tamo gde više ne može stići.

Lutao je dolinom uzalud tražeći stenu pod kojom se nalazila koliba sa formulom preobražaja. Kao da je taj deo doline zauvek bio izbrisan sa zemljine površine! Zver je donosila strah svuda gde se pojavljivala, pa se u selima brzo proširi glas o pomahnitalom tigru. Pred samo veče organizovana je velika potera, pa je tigar-ljudožder od lovca postao divljač vođena panikom utamničene Sadi Babine duše. Uzdajući se u poslednju nadu Sadi Baba natera izbezumljenu zver da se nekako prikrade selu u kojem je živeo čudotvorac. Ali upravo pred njegovom kućom održavao se samrtni obred. Sadi Baba shvati da je dugovečni starac preminuo toga dana.

Nemajući drugog izbora *fansigar* u telu tigra uputi se svome selu. Osećao je da tragači dolaze sve bliže i da je to kraj. Tako je usred noći stigao do kuće na brežuljku. Podigao se na zadnje šape i provirio kroz prozor. U ognjištu je dogorevala vatra, ali je jasno video usnulu decu pokrivenu ponjavama. Žena je razgrtala ugarke po svoj prilici očekujujući njegov povratak. Krupne suze počeše se slivati iz očiju zveri gaseći u njima poslednji plamen. Iz čestara stizali su lovci. Nije pružio nikakav otpor. Čoveka tigra ubiše na pragu rodne kuće ne znajući da tako izvršavaju kaznu boginje Kali zbog teškog prestupa nepoštovanja kaste njenih štićenika.

Putnici koji idu putem Delhi-Agra i dan-danji mogu u tihim noćima ćuti jedan slabašan glas poput laganog hujanja vetra, glas koji se tuži na sudbinu. To duša Sadi Babe osuđena da večno luta beskonačnim prostorima, vapije za pomoć."

Okončavši priču, Grk obrisa oznojeno čelo. „I sam oslušnuh jedne noći taj glas na putu kroz Indiju, u blizini Agre, pa mogu potvrditi istinitost ove pripovesti."

IV GLAVA

Noć na utrini. Nebesa se otvaraju. Svet utvara.

Hodali smo već čitav dan. Od časa kada je olujni vetar razbio gusarski brod i izbacio nas na ovu nepoznatu obalu nismo videli živo stvorenje. Put je vodio pored brze planinske rečice koja se postepeno sve dublje usecala u kameno tle, pa se uskoro nađosmo u pravoj klisuri. Iznad nas, zaklanjajući nebo, uzdizale su se visoke i strme litice. Postalo je znatno svežije jer je suri predeo bio nedostupan sunčevim zracima, a brzaci što su se rasprskavali o hridi stvarali su pravu vodenu zavesu. Ubrzasmo hod da što pre prođemo ovaj živopisni ali i zloslutni deo puta, pogodan za razbojničke prepade.

Uskoro dođosmo do mesta gde rečica na tajanstven način iščezava, ponirući pod zemlju. Kada napustismo klisuru, pred sam zalazak sunca, pred našim očima se ukaza šumovit predeo, obronci nekog planinskog masiva, na čijem se najvišem vrhu uzdizala okrugla kula, po svoj prilici vojnička postaja. Po obroncima behu tu i tamo razbacane jednostavne kamene kuće za nas pravi carski dvori jer smo posle svega bili željni da saznamo gde se nalazimo, u kakvu zemlje i među kakve ljude nas je bacio ovaj čudesan splet događaja.

Na jednoj čistini okruženoj mladom šumom ugledasmo poveći broj ljudi, žena i dece kako sede u krug, kao da su u nekom iščekivanju. Naš nailazak ih ne uznemiri mnogo, putem kojim smo dolazili verovatno su često prolazili stranci. Bili su to jednostavni ljudi, većinom odeveni u grubo sukno, ali su, pored svih spoljnih znakova siromaštva izgledali zdravo i nekako divlje. Moj saputnik im se obrati na više različitih jezika, dok se ne pokaza da jedan među njima, i sam nekada moreplovac, razune ponešto španski. Tako smo saznali da je sutra veliki praznik. U noći koja prethodi prazniku otvara se nebo i Gospod, neka je slavljeno ime Njegovo, ispunjava svakome ko se nađe ispod otvorenih nebesa jednu želju. Sumrak beše već pokrio obližnja polja i brežuljke. Saglasih se sa svojim saputnikom da je opasno po tami putovati nepoznatim krajem, te odlučismo da noć provedemo na ovoj utrini među vernicima, i sami znatiželjni da saznamo o kakvom se čudu radi. Sedosmo tako među ove ljude. Mrak je veoma brzo obuhvatio čitav kraj. Okolo planuše vatre. Naš novi poznanik donese nam piće prijatne žestine i omamljivog mirisa. Pošto popih nekoliko gutljaja savlada me dremež. Usnuh za tren kako sam ponovo među svojima u Sevilji, pre inkvizicije i pre izgona. Žamor glasova utapao se u šumorenje morskih talasa.

Neko me dodirnu po ramenu i ja se trgoh. Grk me je vraćao u neobičnu stvarnost. Noćno nebo se prelivalo baršunastim sjajem u nagoveštaju čudesnih događaja. Nije bilo mesečine, ali je iznenada postalo tako svetlo da su se jasno isticala okolna brda i kuće, dolina i okolna šuma, sve osvetljeno zracima iz nebesa koja su se otvarala kao nekakva bešumna grandiozna mašinerija. Blještavi izvor sjaja zasenjivao je oči. Učinilo mi se da ću oslepeti od siline toga sjaja. Ljudi oko mene su se uspravljali. Bogalji su izlazili iz duboke senke šumskog drveća. Roditelji su podizali uvis decu. Dolinom je strujao žamor ljudskih glasova. Molili su se za sebe, svoje drage, za ispunjenje najvećih želja.

Potražih pogledom trgovca ćilimima. I on je podlegao toj opčinjenosti u kojoj su se svi nalazili. Oči su mu blistale, duboka ozarenost u njemu doticala se sa ozarenošću što su je stvarali zraci bačeni iz visina. Oko nas su se zaista događale čudne stvari. Oni što su puzeći izmileli iz dubokih senki poneti čudom iznenadnog ozdravljenja sada su jurili naokolo snagom i brzinom moćnih šumskih zveri. Do maločas nemi i gluvi napuštali su svet očaja i tišine pevajući pesme čiji je melanholičan napev svakome terao suze na oči. Slepci obdareni iznenadnim vidom bez štapova i vodiča hodali su od kamena do kamena, od drveta do drveta blagosiljajući svaku stvar, svakog živog stvora na svome putu. Iznad naših glava razlivalo se more opčinjujuće svetlosti, svuda gde je pogled dopirao, i gore, i dole, sve beše obuhvaćeno jarkim plavetnilom u kojem je iskrilo hiljade plamičaka. Deca do malopre stidljivo sakrivena iza odraslih letela su poput leptirova i ptica. Neki su menjali oblike, pretvarajući se u druge osobe ili bića. Iz šume se pojavi prva grupa mrtvih. Dolazili su na sastanak sa porodicama i prijateljima. Glasovi su mešali u opštoj pometnji, galami, dovikivanjima, smehu i plaču. Moj prijatelj više nije bio kraj mene. Pođoh da ga potražim. Usput sam nailazio na prizore kakvi postoje samo u najluđim maštanjima ili snovima. Čudo se sastojalo u tome da je u ovoj noći otškrinutih nebesa ljudska želja potisnula nemoć i ograničenost svakodnevnog života.

Sa približavanjem jutra baršunasti čarobni zraci gubili su nebeski sjaj polako se pretvarajući u pramenove obične magle. Dizali su se iznad doline i obavijali okolna uzvišenja. Nebesa su se zatvarala. Iz grla opčinjenih ljudi koji su se vraćali sumornoj stvarnosti začuše se krici, ponegde jauci, očajnički plač. Ona radosna lica sada su bila izbezumljena. Lutali su po šumarku za senkama kojih više nije bilo, za moćima i bogatstvima što su trajale samo jednu noć. Bogalji su ponovo ležali u prašini, slepci su dizali prazne duplje prema nemilosrdnom nebu. Sve lepo i dobro ponovo se vraćalo u snove. Pronašao sam saputnika kako sedi ispod jednog drveta očiju punih suza. Nije ništa govorio, a ja ga nisam ništa pitao. Obojica poželesmo da što pre krenemo dalje, jer, očevidno, ovi mamurni ljudi nisu više bili prijateljski raspoloženi.

Sa prvim sunčevim zracima nađosmo se daleko od ove naseobine i noćašnji doživljaj činio se, što smo dalje odmicali, ne samo neobičan, nego i nestvaran. Ali moj sudrug, koji je i u najtežim časovima pokazivao zadivljujuću prisebnost, još uvek nije mogao da se oslobodi neke čudne pometenosti. Hodao je gledajući samo ispred sebe, uzdišući povremeno, suznih očiju. Posle izvesnog vremena pokušah da zapodenem razgovor. Spomenuh kako ne sumnjam da je sve ono što smo videli i doživeli u podjednakoj meri delo dobrih i loših duhova. Zar i njega nisu opseli demoni zle volje kojih ne može da se oslobodi? Đavolima je stalo da nas uvere kako je iluzija stvarnost, a stvarnost iluzija. Rabini u svetom gradu Safedu obojili su svete građevine plavom bojom, bojom neba gde je i božanski presto, ne bi li tako odagnali đavole i demone koji se u velikom broju vrzmaju oko svetih mesta. Na svakom koraku nečiste sile stavljaju nas pred iskušenja i uživaju u pobedi nad našim razumom.

No, on samo odmahnu glavom. „Uzalud me tešite, mladi prijatelju. Obuzela me tuga za kućom, ženom i decom. Ove suze samo pokazuju dubinu bola, jačeg i pogubnijeg od svake rane što je zadaje mač, koplje ili nož. Poželeo sam da vidim svoju ženu i razgovaram sa njom; ona je došla, stvarna kao što smo vi i ja, čitava ova priroda oko nas. Sedeli smo među onim sluđenim svetom i pričali kao brižni muž i žena. Podelili smo radosti i brige. Deca žele oca, žena muža. Osetio sam pored nje toplotu porodičnog ognjišta. A onda, dolaskom zore i ona je bledela, gubila se i konačno nestala u izmaglici. Ne mogu prihvatiti da sam razgovarao sa prividom. Moje suze su stvarne, bol je stvaran". Zaćuta za trenutak, a onda dodade: Ipak, istina je da živimo u svetu utvara. Da li ste čuli za priču o Trači-lami koji je pobegao iz Šigatuea ostavivši za sobom utvaru sebi savršeno sličnu. Oponašala ga je u svemu, niko nije posumnjao da to nije pravi lama. Tek kada je pobegao dovoljno daleko, preko granice, utvara je nestala. Taj oblik stvoren magičnim procesom Tibetanci nazivaju 'tulku'. O tome razmišljam tek sada pošto je sve prošlo. Noćas sam odista poverovao kako mi je želja ispunjena."

Ionako mali rastom činio se još manji i neugledniji razdiran tugom i nostalgijom, slikama prošlosti kojih nikako nije mogao da se oslobodi. Zastade u hodu, naglas razmišljajući: „Neki nas uveravaju kako ni Isus, sin našega Gospodina, nije bio stvarna ličnost, već utvara stvorena od duhovnog bića da odigra ulogu Spasitelja." Za trenutak zaćuta, a onda nastavi: „Shvatam da je to bila samo njena sen. Dragi Bog je poslao jer gospodari dušama i senima, a ne telima. Naša srca i naše misli ispunjeni su sećanjima; šta smo drugo i mi sami nego utvare." Nisam protivurečio. Verujem u postojanje uporednih svetova. Postoje svetovi dvojnika, svetovi maga i mistika, nevidljivi svetovi i svetovi van ljudske moći poimanja, van razuma. Mitske, nevidljive reke, tajanstvena mora, jezera i planine iz čijeg postojanja izvire naša snaga, a da toga nismo svesni. U detinjstvu sam slušao priče o oružju koje se samo kreće kroz vazduh sudbinskim putanjama ranjavajući i ubijajući. Postojao je, kažu, jedan mag koji je snagom volje i dubokom koncentracijom zamislio božanstvo što lebdi iznad njegove glave, sa sabljom u ruci. Boginja koja je izronila iz njegove sopstvene volje, tako ovaploćena, hitrim pokretom ruke otsekla je glavu svome stvoritelju. Onaj čije ime nije dozvoljeno spominjati razdvojio je svetove i bdi nad njima, ali se ponekad u vremenu i prostoru otvaraju prolazi, a onda se događaju sve te pojave koje narušavaju postojeći poredak stvari.

Po svemu sudeći, postoje svetovi vidljivi i nevidljivi, svetovi čarobnjaka, demona, anđela, nebesa i podzemlja, postoje na jednome mestu i istovremeno. Moj otac je govorio: Ako hoćeš da priđeš božanskom prestolu moraš ljubiti sve stvoreno. Moraš se moliti i za zle duhove, osećati ljubav i za zlo. Ljubavlju se zlo preobražava i tako uništava.

V GLAVA

*Susret sa karavanom. U konačištu. Priča o osveti
Velikog vezira. Sultanov odgovor.*

Ubrzasmo korak, svaki zanet svojim mislima. Dan je već dobro odmakao kada ispred nas ugledasmo karavan. Sastojao se od većeg broja brdskih konja natovarenih kožom, vunom, voskom, medom, suvom ribom, tkaninama. Dve mazge behu natovarene nekim težim teretom. (Kasnije smo saznali da su nosile železo za livenje topova i same topove za trgovinu sa Turcima.) Vlasnici tereta hodali su kraj pretovarenih životinja. Karavan se zaustavi na obali reke čekajući brod za prelazak na drugu stranu. Iskoristismo tu priliku da priđemo vođi karavana i zamolimo ga za nastavak puta pod njegovom zaštitom. Visoki, snažni čovek tamnog lica i orijentalnih crta gledao nas je sumnjičavo. Grk mu ispriča kako smo već bili žrtve razbojničkog napada. Svako ko nas je pogledao mogao se uveriti koliko su ove reči istinite, jer smo bili takoreći goli i bosi, u ritama, bez ikakvog oružja, prepušteni sudbini i milosti dobrih ljudi. Kramar, tako su se ovde nazivale vođe karavana, proceni iskusnim okom da nije reč o podvali. Primi nas u karavan, ali za svaki slučaj odredi mesto u sredini kako bismo stalno bili na oku onima iza nas. Zajedno sa stokom i pratiocima ukrcasmo se na „brod" koji uskoro stiže. Beše to plovilo sastavljeno od niza spojenih balvana, vođeno veštom rukom dvojice splavara. Dugačkim štapovima usmeravali su kretanje neobičnog prevoznog sredstva. Bez većih problema pređosmo na drugu obalu i nastavismo put u okrilju karavana.

Naša namera bila je da se domognemo prvog većeg mesta, nađemo neki posao, pribavimo pristojniju odeću i obavestimo se detaljnije o zemlji i ljudima. Potom, s božjom pomoću odredićemo dalji pravac putovanja. Primetili smo da su naši saputnici u karavanu, trgovci i njihova posluga, naoružani sabljama i dugim noževima, a neki su nosili i štitove. Ovo svakako nije bilo bez razloga. Na pojedinim delovima puta, gde su se mogli očekivati prepadi razbojnika održavane su straže. U jednom trenutku kada uđosmo u šumu začusmo gromoglasno udaranje u bubanj. Ispostavilo se da čuvar puta prolazi karavanskim drumom i na ovaj način obaveštava o bezbednosti prolaza. Kako smo dalje odmicali sve smo više postajali uvereni da nas je putovanje sa karavanom lišilo mnogih rizika i neslućenih opasnosti. Svaki čas smo nailazili na stražarska mesta, a kako smo kasnije saznali čitava sela behu zadužena da čuvaju puteve, skele, drvene mostove.

Na jednoj uzvisini zapazismo neobičnu građevinu. Potsećala je na kapelu. Zaustavismo se na kratko. Bila je to grobnica. Unutra se nalazio drveni sanduk pokriven crnom čojom. Iznad sanduka gorelo je kandilo. Neko iz karavana reče da je to grob turskog veledostojnika. Krenusmo dalje. Prođosmo pored stanice za promenu konja, a pred zalazak sunca zaustavismo se kraj neugledne brvnare, mesta za noćivanje.

Nekako se smestismo u velikoj prostoriji, a oni najumorniji polegaše po zemljanom podu. Samo jednom drvenom ogradom bili smo odvojeni od životinja koje su, oslobođene tereta, sada sa nama delile zajednički krov. Grk se nije osećao najbolje, spopadala ga je groznica, usne su mu poplavile, a njegove svetle, vazda živahne oči odavale su umor i nespokojstvo. Bio sam ozbiljno zabrinut za njegovo zdravlje, i sam bespomoćan u ovoj stranoj zemlji, među nepoznatim ljudima. Brižno sam obigravao oko njega. Od vlasnika odmorišta nekako sam izmolio posudu sa vodom, pa sam ovlaživši parče grubog sukna njime hladio bolesnikovo vrelo čelo. Iz jednog ugla prostorije priđe snažan, mlad čovek. Obrati mi se na nekom nepoznatom narečju, a kada mu odgovorih španskim, on progovori neobičnom mešavinom slovenskih jezika, španskog i latinskog. Izvadio je iz torbe bočicu sa nekim prahom koji rastvori u vodi i pruži lek mome prijatelju. Zahvalih mu i zamolih ga da nam pravi društvo. Uskoro smo saznali da je ovaj plemeniti čovek plaćeni kurir, 'listonoša', koji prenosi važnu i poverljivu poštu vlada primorskih gradova za turske vlasti. Beše rodom iz primorskog grada Dubrovnika čiji su stanovnici postali glavni posrednici između turskih područja na Balkanu i ostalog sveta. Dubrovčanin zadovolji našu znatižleju i obavesti nas o zemlji i krajevima u kojima smo se našli čudesnim sticajem okolnosti.

Ubrzo smo saznali kako se mačem i ognjem vera Muhamedova svuda proširila i učvrstila, kako se i dalje širi i prema Istoku i prema Zapadu. Mladić ispriča da Sveti Duh nazivaju *ruhullah,* dušu *džan,* Mojsija *Musa,* a đavola *šejtan.* Svake godine, pripoveda listonoša, turski car šalje četiri *hajfsorudđa,* isleđivača nasilja, da istraže širom carstva da se nekome ne čini nepravda u gospodarevo ime. Turci veruju kako je Gospod Bog izabrao osam stotina kamila koje uzimaju oblik nevidljivih duhova tragajući za rđavim muslimanima. Ako nađu takvog vade ga iz groba i time uskraćuju susret sa Bogom na Sudnji dan. Odanost veri i život zasnovan na časti dve su najviše vrednosti poštovane u ovom verujućem narodu. „Uostalom, to najbolje potvrđuje istinita priča o osveti Velikog vezira", reče naš novi poznanik. Pošto bolesnik izjavi da se oseća bolje, a niko od nas nije imao želju da se prepusti snu, zamolismo mladoga čoveka da dugu noć prekrati pričom koju je nagovestio.

„Videli ste onu tursku grobnicu. Turski, to je *turbe.* Sa ovakvim počastima sahranjuju samo *šehite, šejhove* i *mučenike* zaslužne i viđene ljude. Kažu da turbe može na grobu pravednika i samo da se podigne, a ovo je jedno od takvih. Mrtvac u *turbetu* naziva se *jatan,* ležač. Možda ste zapazili iznad kovčega arapska slova. Tu je zapisana čudna sudbina ovoga Turčina." Mladić zastade sa pripovedanjem, možda u uverenju da je već dosta rekao. Ali, svi koji su čuli ovaj uvod pokazali su znatiželju i za ostatkom priče.

„Prostranstva turske imperije izmiču kontroli centralne vlasti", nastavi pripovedač. „Putnicima ne preostaje drugo nego da se uzdaju u oružje i dobru sreću. To govorim iz sopstvenog iskustva; i sada izgovaram reči molitve koja mi je neprestano na usnama: Bože, ne napuštaj me! Moji prethodnici, Bog da im dušu prosti, nisu dobili tu milost, kosti su im već oglodali divlji psi i jastrebovi. Na jednoj strani su razbojnici našega, hrišćanskoga i svakog drugog roda, a na drugoj Turci koji nas nazivaju đaurima, a za sebe govore kako su izabran narod u veri. Moje srce uvek uzdrhti kada prolazim kroz opasni planinski klanac *Vratnice uzanog druma*. Na vrhu planine nalazi se selo nastanjeno divljim hrišćanskim plemenima koja se još nisu odrekla mnogih paganskih običaja. Služe se vatrom u svetoj tajni krštenja i stavljaju apostola Pavla ispred njegovog učitelja Isusa Hrista. Pljačka i otimačina su deo običajnih i naslednih prava ovih plemena i jao onome ko im dopadne šaka! Klanac je zaista ukleto mesto, većim delom godine obavijen gustom maglom. I sopstveni koraci u toj divljini odjekuju preteći, a šapat stvara buku. Čitav kraj se može porediti sa halucinacijom bolesnika u groznici. Na nekoliko mesta pobodeni su štapovi na čijim se zašiljenim vrhovima klate osušene ljudske lobanje. To su glave i hrišćana i muslimana, smenjuju se, rekao bih sa godišnjim dobima i ratnom srećom."

Listonoša prekide priču da bi nam napunio vrčeve gustim, crnim vinom iz podruma vlasnika hana. Pored razgaljućeg imalo je i lekovito dejstvo kako nas je uveravao njegov proizvođač. Mladić nagradi gazdu sa nekoliko novčića, otpi dug gutljaj i nastavi sa pripovedanjem.

„E, pa dogodilo se da planinski razbojnici čekajući u zasedi u svome klancu zarobe jednu od najuvaženijih ličnosti ovoga dela carstva, Velikog vezira. Pratnja moćnog velikodostojnika sastojala se od svega nekoliko vojnika. To govori o samouverenosti moćnika ali i o uverenju da smo pred sudbinom svi jednaki, da je u knjizi života i smrti ispisano sve ono što će se dogoditi. Verovanje u predodređenost važna je crta azijatskog karaktera. Snažna i gruba ratnička lica pored surovosti pokazuju vidljive tragove tuge i melanholihje – život je jedan, ali on je u rukama Alaha i na njega se ne može uticati.

Hrišćanski razbojnici zatražiše visoki otkup za vezira, a pošto su ga dobili u pobedničkoj obesti izložiše ovoga najgorim poniženjima. Obrijali su mu bradu, otsekli perčin a za dugo sećanje jedan mu divlji ratnik krivim nožem ureza na licu, od podočnjaka do usana, strašan beleg u obliku krsta. Posle tri dana hoda u užasnim mukama, vezir se vratio svojima. Nije čekao da rana zaraste već je sledećeg dana krenuo u poteru za razbojnicima. Neke je pohvatao, ali su mnogi izmakli. A dok je živeo i jedan jedini krivac za njegovu sramotu, on je za sebe i za druge po strogim zakonima muhamedanaca, bio čovek bez časti. Neke druge sramote mogu se sakriti, ali ne i unakaženo lice. Budan, i u snu, bio je obeležen belegom nevernika. U ovoj zemlji patnja ne izaziva samilost. Patnja i nesreća su predmeti podrugljivosti i zlobe. Dostojanstvo sa kojim se mora nositi i najveća nesreća stvara od života stradalnika zemaljski pakao. A to opet čini da su ovde zločini teži i grozomorniji nego igde drugde.

Upoznat sa vezirovom sudbinom, sultan je preporučio da se nesretnik odrekne svoga visokog čina i nađe utočište u nekom dalekom i zabitom delu turske carevine. Ali vezirovo duboko osećanje časti i želja za osvetom bili su jači od svake poslušnosti; ne bi ga naterali na odustajanje ni sam Alah, ni ajeti iz Ku'rana. Zapravo, on se suprotstavio sopstvenoj sudbini. Opsednutost osvetom dobila je manijačke razmere. Njegove verne sluge napadoše razbojnička sela, ali što bi danju popalili i uništili, noću se ponovo gradilo. Svetlost božija bila je veziru saveznik. Ali, neprozirne noći koje obavijaju gudure i klance onemogućile su uništenje planinskih plemena. Podanicima se ovaj očajnik žalio na izdajničko lice noći, na tminu, delo *šejtana*. U Ku'ranu je zapisano da su dela nevernika *kao tmine nad dubokim morem koje prekrvaju talasi sve jedan za drugim, iznad kojih su oblaci, sve tmine jedne iznad drugih, prst se pred okom ne vidi.* I pored toga: *Alah vodi ka svetlosti svojoj koga On hoće.* Verujući da njegovo posvećenje uništenju nevernika prevazilazi lični motiv osvete vezir je očekivao trenutak prosvetljenja kada će izvor božanske svetlosti zauvek obasjati nebesa i zemlju. Ali, uzalud.

Jednoga dana poseti ga trgovac i pustolov El Hamid. Donosi plan o grandioznim poduhvatu prenošenja svetlosti sa jednog na drugi kraj zemljine kugle pomoću džinovskih ogledala. Ova ogledala, postavljena u nizu, povezuju vrhove najviših planina u jedan neprekinuti izvor svetlosti. Vezir postaje zatočenik plana koji se graniči sa bezumljem. Piše sultanu u Carigrad, moleći za pomoć i razumevanje. U tom pismu objašnjava Muhamedovom izaslaniku kako je opšte poznato da se na zemljinom šaru smenjuju dan i noć, svetlo i tama, vreme Boga i vreme đavola. Kada u krajevima oko *Vratnica uzanog druma* zavladaju sile mraka, u dalekim zemljama Istoka budi se božansko sunce. Džinovska ogledala postavljena na mesta gde se dodiruju nebesa isijavala bi svojim višestrukim odrazima obilje svetlosti. Tako bi božanski car Istoka savladao zapadne horde mraka predvođene *šejtanom* lično. Ostvarenje ove zamisli podrazumeva uspostavljanje prisnih odnosa sa istočnim dinastijama i njihovo učešće u zamisli uspostavljanja sunčeve vlasti nad čitavim svetom. I dodaje vezir na kraju pisma: *Njegova je udubina u zidu u kojoj je svetiljka, svetiljka je u kandilu, a kandilo je kao zvezda blistava koja se užiže blagoslovenim drvetom maslinovim i istočnim i zapadnim, čije ulje gotovo da sija kad ga vatra ne dotakne; sama svetlost nad svetlošću.* Odgovor od sultana stiže kratak i jasan. Takođe iz Svete knjige: *On čini da noć i dan naizmence nastupaju i u tome je, doista, pouka za one koji pamet imaju.* Uz to, uputio mu je usmenu poruku preko glasnika, bilo šta da se učini, pa i čitava zemaljska kugla poseje tim ogledalima, njegovo lice ostaje njegovo lice. Ne treba da žudi za svetlošću, jer svetlo žig njegove sramote čini vidljivim. Ogledala umnogostručuju patnju, odsada pa doveka valja da se okruži samoćom i sumrakom! Svako nosi teret svoje sudbine. Nesreća je data od Alaha, kao i sreća. A Carstvo, zemaljsko, kao i nebesko ne stavlja se u službu jednoga čoveka, bez obzira na njegovo ime i njegove zasluge.

Na ovakvu vest Vezir naredi da se sa svih strana dovedu najbolji muzičari sa različitim instrumentima i životinje naučene raznim veštinama. Turci veruju da će *kijamet,* propast sveta, nastati kada nestane pčela, meda i ovaca, i prestane da se nosi feredža. A tome će prethoditi neobuzdano veselje i pojava životinja koje će se ponašati kao ljudi. To je vreme *muašera,* velikog potonjeg suda gde će Bog suditi mrtvima. Okupi se, dakle, silan narod. Zasviraše zurle, zazvečaše daire, udariše talambasi. Medvedi su igrali kao ljudi, velike ptice govorile ljudskim glasom, psi hodali na dve noge, a majmuni odeveni u ljudsku odeću jurcali unaokolo, oponašajući u svemu zvanice.

Usred tog čudnog skupa, svirke i rike zveri, Vezir je sebi zlatnom sabljom rasporio trbuh i tako prešao iz ovoga u onaj svet, iz živih u mrtve, tražeći božiji kada nije mogao dobiti ljudski sud. 'Kad prođe kijamet Bog će stvoriti novi svet', zapisano je. I on čeka taj novi svet da se konačno oslobodi sramote! Na mestu gde se ubio nastalo je ovo *turbe* i biće tu sve do Sudnjeg dana".

VI GLAVA

*Razgovor o ogledalima. Priča o Lutajućem Jevrejinu.
Susret sa Kornelijusom Hajnrihom Agripom. Ezrin vrt
sa račvastim stazama. Grkov nestanak. Postojanje
hiljadu svetova.*

Okončavši priču, mladić ponovo prinese vrč usnama. Grkove zažarene oči svedočile su o nemiru koji ga nije napuštao. „O, mislim da je nepravedno ostati ravnodušan prema sudbini nesretnog Turčina!" uzviknu on. „U Japanu, ogledala su simboli savršene čistoće duše. Zar ne otkrivate u njegovoj neostvarenoj nameri postupak očajnika kome je naneta nepravda bez opoziva? Ako svet nije vredan nas, kako mi možemo biti vredni sveta!"

Iz polutame, u našoj blizini, začu se glas: „Slučajno znam mnogo o ogledalima. Proputovao sam čitav svet, video razna čuda, ali među najveća ubrajam čarobna i mistična ogledala koja su stvorili ili ih poseduju posvećenici magije, alhemije i drugih tajnih znanja". Glas je pripadao visokom, mršavom strancu čiji sam lik uočio prošloga dana. Hodao je uporedo sa karavanom dugim, neumornim koracima, sa torbom preko ramena i palmovim štapom kakav obično nose skitnice. U njegovom hodu i držanju bilo je nečeg ponositog i usamljeničkog. Dugo je putovao, to se videlo po odeći gotovo u ritama. Seda brada i seda kosa koja je padala na ramena, upornost da savlada sve nevolje putovanja, nailazili su na poštovanje u karavani. Sada se prvi put čuo njegov glas, dubok i melodičan, onakav kakvim govore mudri i iskusni. Sedeo je sasvim blizu pa sam jasnije sagledao crte starčevog lica. Nikada ranije nisam video takvo lice, neshvatljivi spoj mladosti i starosti. Oči, svetle i sjajne bile su oči mladića, a lice izbrazdano dubokim borama pripadalo je čoveku koji sa sobom nosi breme mnogih godina. „Oprostite što se nepozvan uplićem u razgovor, ali noć je duga, a malopređašnja pripovest poziva na razmišljanje o raznovrsnosti ogledala i njihovoj moći. Ogledala otkrivaju veliku tajnu večite praznine, onu dubinu do čijeg se kraja nikada ne može dospeti. Posreduju između ovoga i onoga sveta. Duše mrtvih pomoću ogledala privlače žive. Ima ogledala u kojima čovek ne sme da se ogleda jer će umreti. Jedan mudrac kaže da svako ogledalo, dovoljno staro i dovoljno veliko, otkriva nezemaljske duhove. Čitav naš univerzum sastavljen je iz ogledala. U njima je početak i kraj vremena, život, smrt, sve."

Starac za trenutak zaćuta. U odmorište je upravo ušla nova grupa ljudi. Po odeći i držanju reklo bi se da su hodočasnici. U tišini, smestili su se u jedan ugao prostorije. Njihovim dolaskom soba se sasvim ispuni. Putevi ljudski i putevi gospodnji združili su nas za ovu noć, a već ujutro opet će svaki krenuti tamo kuda ga noge nose, za svojom sretnom ili nesretnom zvezdom. Izgledalo je da su starca ponele druge misli, da je utonuo u onu vrstu budnoga sna kakvom su skloni prosjaci i lutalice. Jedva čujan uzdah ote se sa njegovih usana. Nosio je nešto na svojoj duši, što ga je gonilo da nepoznatim ljudima, slučajnim poznanicima, izloži svoju priču.

„Molim vas da se u mašti prenesete u zanosni grad Firencu, u Toskani, na obalama reke Arna, grad čuven po lepoti, velikim mecenama umetnosti, grad bankara, trgovaca, poznate akademije i medičejske biblioteke. Veliki arhitekti i veliki slikari tu su stvorili čuda umetnosti koja svojom trajnošću nadmašuju ljudski vek. U taj grad, ne da bi se divio njegovoj nesumnjivoj savršenosti već u potrazi za nečim što razbija prirodan poredak stvari, došao je čovek po imenu Kartafilus ili onaj koga nazivaju *Lutajući Jevrejin*. Svet oko njega menjao se, nestajao i umirao, a on je hodao od zemlje do zemlje, sabirajući desetine i stotine godina, pevajući hodočasničku pesmu:

Po leđima su mojim orači orali,
duge brazde povlačili.

Zapravo, došao je u Firencu da bi se susreo sa doktorom Kornelijusom Agripom nemačkim magom, alhemičarom, majstorom okultnih veština, piscem *De Occulta Philosophia*, spisa nedavno napisanog, ali kojem se poznavaoci već dive kao najvećem delu okultne filosofije. Doktor Agripa je i sam dugo vodio lutalački život, provodeći vreme u Nemačkoj, Francuskoj, Italiji. Oko života ovog učenog čoveka plele su se različite priče među kojima su poznate one da je đavolov učenik, veštac sposoban da uspostavi vezu sa mrtvima. U svojoj laboratoriji, kažu, proizveo je takve hemijske sastojke pomoću kojih je stekao natprirodnu moć. Nije imao prijatelja, potpuno se posvetio filosofskim i alhemijskim delima. Takvom negostoljubivom i tajanstvenom osobenjaku došao je iznenada i nenajavljeno u posetu veliki lutalica i usamljenik tajanstveni Kartafilus. Dogodilo se to u ponoć, najpogodnije vreme za susret dve ovakve osobe, izvan uobičajenih zakona ovoga sveta. Agripa je inače na najgrublji način izbacivao dosadne znatiželjnike; ovoga puta bio je dovoljan i jedan ovlašan pogled pa da se ljutnja pretvori u strahopoštovanje. Ljudi koji se kreću putevima različitim od običnih ljudskih, grešnici, čarobnjaci i lude – uvek se međusobno raspoznaju. Kraj alhemičarevih nogu ležao je ogroman crni pas. Zareža, pokazujući duge i oštre očnjake. Pas demonskog izgleda i svetlih, pronicljivih očiju, više ljudskih nego psećih, smirio se na jedva vidljiv pokret gospodareve ruke. Ovaj pas beše dobro poznat u Firenci kako zbog opasne naravi i neobičnog imena *Monsieur*, tako i zbog priče da je zver nekada bila ljudsko biće, crni rob, koga je moćni gospodar zbog neposlušnosti pretvorio u zver. Čuveni Agripa odloži knjigu o tajnim znanjima starih naroda, sklopi korice i ustade kako bi na nogama sačekao gosta. A pas, stade da se umiljava oko nogu noćnog posetioca. Stari Jevrejin se nakloni nemačkom naučniku i oslovi ga imenom *Gospodin iz Neteshajma*. Reče da već dugo vremena želi ovaj susret sa čovekom čije ime i delo kod sujevernih izaziva strah, a kod onih kojima nisu strane skrivene nauke, divljenje i poštovanje. Agripa odgovori: 'Sva znanja su bezvredna jer traju koliko ljudski vek. Dan brzo prolazi, a noć je beskrajna. Zavidim vam jer ste sagledali krajičak večnosti'. Nije slutio da njegov noćašnji posetilac svoj dugi život oseća samo kao kaznu, tiransko progonstvo, život što se obnavlja u dugoj i zamornoj jednoličnosti uprkos želji tela za počinkom. U svakom deliću tela nosio je umor, umor prokletstva, bez radosti, bez nade, svega onoga što život smrtnika čini podnošljivim.

Zvono sa obližnje crkve označilo je ponoć. Dvanaest melodičnih, dubokih udara – jednoga podsetiše kako vreme brzo ističe, za drugoga behu samo odjeci u pustoši večitog trajanja. Starac prvi progovori: 'Priča se, poštovani prijatelju, da posedujete čudesno ogledalo nastalo iz moći vaše magije.' Doktor Agripa pogladi glavu psa smirenog i opuštenog kraj svojih nogu. Oči životinje izražavale su tugu i bespomoćnost, osećanja suprotna divljem i zastrašujućem izgledu zveri. 'Šta biste želeli da vidite?' upita nekromant. 'Rebeku, ćerku Rabi Ezre', glasio je odgovor. 'Onakvu kakva je bila kada sam je prvi put sreo na obali Kedrona u vrtu njenoga oca, kada smo oboje poverovali u ljubav, u divnu nevinost sveta, bezbrižni i mladi, daleko od svih iskušenja, grozota i užasa što su nas čekali u ne tako dalekoj budućnosti. Najstrašnija stvar na svetu je čežnja, a ja dugo bolujem od te neizlečive bolesti, najstrašnije kazne date u nasleđe ljudskom rodu.'

Doktor Kornelijus Hajnrih Agripa fon Neteshajm, kako je glasilo njegovo potpuno ime, a u celini ovoga imena skrivala se njegova moć, jer ljudima, životinjama i predmetima ime daje snagu i moć, ustade i zamoli gosta da pođe za njim. Prođoše kroz jedan hodnik i uđoše u malu i teskobnu prostoriju potpuno praznu. Kroz uski prozor ispod same tavanice probijali su se mesečevi zraci bacajući bledu svetlost na veliko ogledalo. Pokrivalo je polovinu jednoga zida. To beše ono čuveno delo okultne nauke o kojem su se širile mnoge priče, ali malo ih je moglo zadovoljiti znatiželju. Sada je Kartafilus, Lutajući

Jevrejin, stajao pred tim čudom magije, pred blistavom površinom što je u sebi sadržavala ambis beskraja, sve što je postojalo od početka sveta i što će postojat do njegovog kraja, čitav univerzum ozidan bezbrojnim ogledalima.

U ogledalu se prvo pojavi starčev rasplinuti lik, a zatim zasija bebroj svetlucavih iskrica. Iskre se spojiše u blještavo sunce, pravi potop svetlosti prejak za običan ljudski vid. A onda se usred blistave površine otvori tunel kojim je nevidljiva sila probijala put kroz vreme. Talasi sastavljeni od milijardi života zapljuskivali su obale prošlih vremena smenjivali su se dani i noći, svetlost i tama, dok se ne ukazaše pejsaži stare Palestine, sveti grad, planinski vrhovi Ramot-Gileada, obala Kedrona i Ezrin vrt sa račvastim stazama. A ispod kedrovog drveta sedela je Rebeka, onakva kakvu je Kartafilus pamtio iz vremena Svetog hrama, najlepša među najlepšima, lepota nenadmašena u svim kasnijim vekovima, kakve nikada više nije sreo, a prošao je sve puteve sveta, zemlje od istoka do zapada, zemlje na severu i jugu. I to lice, stvarno i istinito, iako sa one strane ogledala, okrete se prema njemu i pogleda ga sa toliko čežnje da starac zadrhta, iz njegovih ispijenih očiju grunuše suze. Pruži ruke a staračke usne glasno izgovoriše njeno ime. I, gle čuda! Ona začu njegov glas. Pogledala je oko sebe, pogledala prema krošnji visokog drveta, osluškivala u tišini poj ptica; taj glas, glas ljubavnika iz jednog drugog, dalekog sveta opet je pozva. Njene širom otvorene oči tragale su za nekim tajnim znakom koji će joj pomoći da pronađe razrešenje ove zagonetke. Lutalica, stari Kartafilus, Jevrejin osuđen na večno progonstvo, priđe sasvim blizu velikom ogledalu i prošaputa još jednom devojčino ime, glasom u kojem se skupilo očajanje i čežnja stotine i stotine godina. Oči starca i oči devojke premostiše provaliju vremena i njihovi pogledi sretoše se za jedan tren, prolazeći kroz složene sisteme ogledala, spajajući prostor i vreme u taj hitri bljesak, tu munjevitu sliku što je u magnovenju spojila Sveti grad iz vremena Hrama i Firencu naših dana. U isti mah iz uglova ogledala sunuše mlazevi magle, začu se huk, grmljavina, sevanje što je dolazilo odnekud iz dubine vremena, nestade zanosne slike Jevrejinove mladosti. Ogledalo je ponovo odražavalo sliku starog Jevrejina, gosta Kornelijusa Agripe. Starac obrisa vlažne oči, jer uspomene, pogotovu kada na ovako čudesan način ožive, mogu u i onom čija su osećanja pretvorena u dugu moru besciljnog lutanja, da ožive sećanja na istnski ljudski život. Ali, pravi razlog Jevrejinovog dolaska nije bilo prizivanje prošlosti: više nego prošlost proganjala ga je budućnost ispunjena neizvesnošću kojoj možda nema kraja. Umesto da smerno spusti glavu i okrene se svome domaćinu, on se upilji u svoj odraz, utonu u izokrenut pogled sopstvenih očiju upućujući se u vremena koja će tek doći. Vide svoju sen kako putuje drumovima vaskolikog sveta, gradove u kojima će jednoga dana boraviti: Prag, Viteberg, Lajden, London. Onda se sve to izgubi u kovitlacu vremena i njegova sudbina rastoči se u sudbini čovečanstva. Slika dobi izgled olujnog vihora. Raspoznavali su se tek obrisi nekih grozomornih likova koji podsećahu na četiri zveri kako ih je usnio prorok Danilo. Sve se pokri dimom kao da čitava zemlja gori, mnoge se vojske pod raznim barjacima izmešaše. Jauci zena i dece behu jedini glasovi. Hramovi su goreli i rušili se. Topila se crkvena zvona, nestajali minareti, u prah pretvarale sinagoge. Vera je postala nemoćna pred zločinom i strahotama što su obuhvatile svaki kutak zemlje. I u tom užasu koji lutalica oseti pred ovom nespokojnom slikom dolazećeg sveta, njegova sudbina mu postade sasvim nevažna. Ogledalo progovori sopstvenim zvukom, lomnjavom i treskom, ta strašna probuđena sila rasturi ga u hiljade delića, dok na kraju ne ostade samo okvir i tamna površina gologa zida. A iz te praznine, iz razbijene čarolije, uz strahovito, za ljudsko uho nepodnošljivo kričanje, izlete golemi orao. Starac pade na pod ošamućen divljim kricima i udarima velikih krila. Neman se ustremi na bespomoćno telo u nameri da kazni uljeza u zabranjena i dobro čuvana područja budućeg sveta.

U taj čas, iz prikrajka se pojavi strašni crni *Monsieur.* U jednom skoku obruši se na zver, raskide joj oštrim zubima grudi i iskopa srce."

Na ovome mestu starac prekide priču. Sklopio je oči kao se moli ili ponovo tone u polubudno stanje. A onda nastavi: „Srce se pretvori u malenu pticu, izvuče iz čeljusti opasnog čarobnjakovog psa i kroz otvoren prozor nestade pod tamnim firentinskim nebom. Od čudovišta preosta senka, a zatim i ona iščeznu. U 'Knjizi predskazanja' astrologa Johana Lihtenbergera piše 'Exurgent aquila grandis, requa moerebunt', što će reći: 'Uspraviće se orao veliki, zaplakaće carstva.' Starac je nenamerno dozvao to čudovište, jedno od mnogih koja čovečanstvo čekaju na kapijama budućnosti. Nikome ne dozvoljavaju da uđe u te ogromne neistražene prostore jer pripadaju budućim pokolenjima."

U razgovoru gotovo nismo primetili da je noć uveliko odmakla. Na to nas podseti umor od dugog i napornog puta. Svuda po podu pružila su se ljudska telesa, umorni goniči stoke, trgovci, hodočasnici, kojekavi tipovi sumnjivih fizionomija, opasnog izgleda. Mogli su biti razbojničke uhode, obični lopovi ili prosjaci, sav onaj čudan svet što luta drumovima i nalazi privremeno utočište u ovakvim svratištima. Težak miris oznojenih tela, prljavštine, nepodnošljiviji od zadaha životinja u blizini, iza drvene ograde. Starac, okončavši priču utonu u stanje potpune otsutnosti bez volje za daljim razgovorom. Povukoh Grka prema delu prostorije gde je bilo nešto više mesta, ispod jedinog prozora kroz koji se naziralo noćno nebo obasuto zvezdama.

Poverovah da će okrepljujući san povratiti snagu mome saputniku čije je opšte stanje postalo zabrinjavajuće. Ali njega nije napuštao bolesni nemir. Bacao je okolo unezverene poglede nezadrživog, paničnog straha. Nekako ga nagovorih da se spusti na tvrdi ležaj, zemljani pod posut sa nešto slame. Gazda nam dobaci dve ponjave. Prošla je ponoć. Skitnice u jednom uglu tiho su se došaptavali, obrćući kocku. Vatra u ognjištu pretvarala se u žar. Mene uhvati dremež, neka vrsta budnog sna u koji se uvlačio svaki šum spolja. Nikada, ni u jednom trenu ne sme biti preteranog opuštanja, jer vaskoliki svet pun je lopova, ubica i svakojakog drugog gada.

Probudi me loše predosećanje. Onako bunovan protrljah oči. Grk je sedeo, naslonjen uza zid sa izrazom strave. Neko od ovog ljudskog šljama prišao mu je, dok je spavao, skinuo sa vrata dva amuleta: smaragdnog skarabeja i Ozirisovo oko. Njegova strepnja prenela se na sve u konačištu. Strah je bolest, nezaustavljiva epidemija koja obuzima životinje i ljude, pokatkad čitave narode. Strah stvara paniku, a u panici se gubi glava. Sada su se i životinje uznemirile. Tovarni konji su njištali i kopitama udarali po tvrdoj zemlji, zatežući konope kojima su vezani za pobodene drvene kočeve. Ljudi su stenjali u snu, kockari prestali sa igrom. Negde u noći, u blizini ovoga svratišta postojalo je nešto što je širilo strah. Privlačilo se kroz mrak i dolazilo sve bliže.

Kroz uski prozorski otvor dopre udaljeni glas iz tame, jedva čujno cviljenje, poigravanje na struni od konjskih repova. Istovremeno, dašak vetra uvuče se u odmorište, zaigra po podu bacajući u kovitlac prašinu i prljavštinu sa poda i raspirivši za trenutak skoro ugaslu vatru u ognjištu. Grk se podiže prateći netremice ovaj mali kovitlac. Uzalud ga povukoh za rukav, on se otrgnu i pribi uza zid u velikoj izbezumljenosti i očajanju. Cviljenje se pretvori u urlik. Nešto lelujavo poput ogromne izdužene ruke dolazeći iz noći provuče se kroz prozor, obujmi malenog Grka i nezadrživom silinom izvuče ga iz sobe. I poslednji spavači probuđeni neuobičajenom bukom skočiše na noge. Prvi se pribrah i izleteh napolje. Ugledah u trenu senku ogromnog mulata kako se stapa sa tminom. Za mnom dođoše ljudi sa zapaljenim lučama. Pretražili smo svaku stopu zemlje, svaki grm, svako skrovito mesto u okolini ali nigde ne nađosmo ni najmanjeg traga ni otmičara, ni otetog.

Svanjivalo je. Zora se provlačila između visokih borova i čempresa, otkrivajući šikaru i vlažnu zemlju. Jutarnja hladnoća ulazila je pod kožu, u same kosti zajedno sa jezom prisutnom u sablasnom okruženju oko svratišta. Ljudi su se neobavljenog posla vratili pod krov skloništa razglabajući o čudesnom nestanku, uz vatru što je iznova raspaljena, uz topli napitak začinjen lekovitim i mirišljavim travama. Oni najrevnosniji, izgovorivši na brzinu molitvu za sigurno putovanje, pođoše svojim putem. Očajan zbog neshvatljivog gubitka prijatelja, ražalošćen njegovom sudbinom, odlučih i sam da što pre napustim ovo mesto gde je sve podsećalo na proteklu noć. Primetivši da se spremam za odlazak pristupi mi starac sa palmovim štapom. „Ne znam da li si pogodio ili samo naslutio: noćas sam pripovedao o *svome* doživljaju. Ja sam onaj koga nazivaju *Lutajući Jevrejin*." Na ove starčeve reči srce mi uzbuđeno zalupa u grudima. Učini mi se da svi u prostoriji čuju njegove glasne otkucaje. Prislonih usne Kartafilusovoj izboranoj ruci. Svuda gde ljudi žive, gde se čuje ljudski govor, prošao je glas o tome misterioznom čoveku kome se jedni dive a drugi ga susreću sa užasom. Uklet je da luta zemljom do Sudnjega dana.

Slušao sam priče da je mlad kada je mesec mlad, a kada mesec gubi svoj oblik i nestaje, onda je i on star i umoran. Zaželeh da ga pitam da li vodi poreklo od biblijskog Kaina kako se priča i da li pod pramenom sede kose koja mu prekriva čelo gori plameni krst, obeležje sramote i žalosti. Da li je živeo u gradu Lucu nad kojim Anđeo Smrti nije imao vlasti? On, jedini čovek na svetu koji po božijoj želji nije osetio ukus smrti da bi čovečanstvo podsećao na dolazak Mesije. Moj učitelj je govorio kako je jedan od trideset i šest pravednika, onaj koga zovu *Nistar*, a pojavljuje se kao najbedniji među bednima, kao lutalica, projsak, božija luda. Da li se, kako ljudi govore, neprekidno moli za najveći dar – smrt, jer je njegova samoća tako strašna, da je više ne može podnositi? Starac izvuče ruku koju sam celivao i reče: „Meni je dopušteno da u jednoj godini otspavam samo jednu noć, kada je vreme punog meseca i kada se nađem na raskršću u obliku krsta. U toj noći postajem hiljadostruka ličnost i obiđem hiljadu svetova." Zavuče ruku u džep. Izvuče metalnu paru. Držao je između dva prsta. „Posedujem novčić koji se ne troši. To je veliko bogatstvo!" Vrteo je kao neki mađioničar novčić ispred moga nosa. „Nekada sam blag, dobar, lečim ljude i činim pobožna dela, a nekada dolazim sa olujom i predstavljam oličenje nepopravljivog grešnika!" Zavrte glavom. „Koliko ljudi toliko različitih priča. Ne mogu da se pretvorim u gavrana, kako neki govore. Moje oči nemaju moć da opčine žensku dušu. Nikada nisam bacao čini na decu, niti posećivao mrtve na onome svetu. Isti sam kao svi drugi ljudi, osim što sam proklet da živim večno." Zaustih da nešto kažem, obuzet protivrečnim osećanjima sažaljenja i divljenja, ali starac pokretom ruke dade na znanje kako nije voljan da odgovara na pitanja. Saže se i podiže torbu sa poda, prebaci je preko ramena. Onda, bez pozdrava, brzim i krupnim koracima, više koracima mladića nego starca, napusti odmorište. Prešao je preko polja pogrbljenih leđa i nestao u dolini.

VII GLAVA

Sa hodočasnicima. Svete relikvije. Izopačeni svet.

Karavan beše spreman za polazak. Zauzeh mesto na začelju, među sedmoricom hodočasnika koji su nam se pridružili. Krenusmo uskim vijugavim putem. Uspinjali smo se između visokih stena obraslih retkim i divljim biljem. Moji novi saputnici već su se na prvi pogled razlikovali od ostalih putnika u karavanu. Većina su na nogama nosili čvrste, teške cipele, jedan čizme, a nekoliko ih je išlo boso verovatno zbog zaveta koji su dali. Glave hodočasnika behu pokrivene šeširima u obliku školjke po čemu su se pripadnici ove, kako ih neki zovu bratovštine, izdaleka prepoznavali. Odostrag, na šešire vezivali su dugačke šalove obavijene potom oko struka – da vetar ne odnese šešire. Svaki je imao kožnu torbu pričvršćenu oko struka, svi zaogrnuti u dugačke ogrtače, pelerine, koje im noću služe kao pokrivači. U hodu su se oslanjali na dugačke štapove sa kukom na vrhu. Na tim kukama visile su posude sa vodom ili vinom. Pretpostavljam da su štapovivi služili i za odbranu od životinja i razbojnika, a takvim štapom, to se kasnije pokazalo, oni veštiji uspešno su skidali voće sa stabala kraj puta.

Dok smo se penjali uzbrdo pretovareni konjići svaki čas su zastajali. No, uskoro, put se poče spuštati. Karavan pođe brže. Obresmo se u dolini kroz koju je proticala rečica, a čije su obale bile ukrašene egzotičnim rastinjem. Hodali smo sve do podneva, a kada se sunce nađe u zenitu vođa karavana odredi mesto za odmor. Životinje i ljudi razmestiše se u senci visokog drveća neposredno uz obalu rečice. Dobih poziv od hodočasnika da se pridružim njihovom obedu. Začas se na beloj plahti rasprostre dobra količina lombardijskog sira, kobasica, usoljenog mesa, a dvojica hodočasnika zagaziše u reku i velikom veštinom uhvatiše tuce rakova i riba koji se uskoro nađoše u vrelom pepelu. Na kraju se zasladismo kolačima od izmrvljenog kukuruza i divljim jabukama. Uz sve to nikako nisam mogao da se oslobodim tuge pomišljajući na svoga nesretnog saputnika i svaki čas sam se okretao očekujući da se odnekud iznenada pojavi. Pošto utolismo glad krenu okolo krčag sa vinom. U dobrom raspoloženju započe razgovor o daljem putovanju i o divljim i primitivnim krajevima kroz koje smo upravo prolazili. Naišavši na ugodne sagovornike i strpljive slušaoce otvorio sam dušu. Ispričah sa tugom kako sam napustio domovinu, roditelje, postao lutalica, rastao se od prijatelja a na kraju spomenuh reči Anđela od Šlezije:

> Oko kojim vidim Boga
> isto je kojim me Bog vidi.

U razgovoru što potom usledi moji mudri saputnici složiše se da je svet sastavljen od slika i odraza, od predmeta i od senki i da je Grk postao žrtva tajanstvene igre ogledala u jednom neočekivanom trenu kada su predmeti i senke izmenili mesta. Mladi hodočasnik, sedeo je neposredno pored mene a saznadoh da mu je ime Dominik, izvadi iz torbe ogledalce. „Ovo je ahensko ogledalo, sveta relikvija. Ima čudesnu sposobnost da sačuva jednom uhvaćeni lik. Prošao sam mnoga sveta mesta, od Ahena, preko Nirnberga do Praga, od Mastrihta do Beča. U njemu je još uvek odraz spužve iz koje je Hrist pio na Golgoti, sen Bogorodičine kose i pojasa, zadržana slika lobanje i dve ruke Karla Velikog. To svetačko ogledalo izradio je 1438. godine Gutenberg po narudžbi za Ahensku katedralu." Uzeh iz hodočasnikove ruke ogledalce uokvireno srebrnim ramom. Pažljivo se zagledah u sjajnu staklenu površinu. Za časak, negde u dubini ogledala ugledah lice malenog Grka. Obli me ledeni znoj, osetih blagu nesvesticu, ali se brzo povratih. „Neka dragi Bog pomogne svima koji kao ja počinju verovati kako svetom vlada nekromantija, da sve počinje mađijom i vraća se u mađiju!" Moje reči samo povećaše dobro raspoloženje ovih bezbrižnih ljudi. Ali jedan od hodočasnika prema kome su svi pokazivali posebno poštovanje sedeo je natmuren i ozbiljan. „Svet je doista pun čuda", reče on. „U Boksliju sam video Hrista koji pomera oči i lije prave pravcate suze. Jedno raspelo u Kentu primalo je darove i blagosiljalo hodočasnike. Bogorodičin kip u Hajlbronu vraćao je vid slepcima a glas nemima. Ali ništa od svega toga ne može se uporediti sa onim što sam doživeo na svome prvom hodočašću. Današnja putovanja mnogo se razlikuju od onih iz prošlih vremena. Moglo se hodati danima i danima, a da se ne naiđe na odmorište, hospicij ili naseljeno mesto. U mojoj mladosti, beše prava avantura polazak na hodočašće. Poznavao sam jednog nemačkog hodočasnika koji je krenuo u Santjago de Kompostelu svima nama dobro poznato oprostište. Tri puta je kretao, knjiga se može sastaviti od njegovih doživljaja. Prvi put je šest meseci lutao predelima severne Španije uzalud pokušavajući da stigne do Santjaga. Jedva se vratio kući. Na drugom putovanju kretao se u krug, bespomoćan, izgubivši svaku predstavu gde se nalazi. Tek treći put i to samo zato što je naleteo na jednu veliku procesiju kojoj se priključio, uspelo mu je da se pokloni svetom Jakovu u Galiciji." Pripovedač zastade posle ovih reči, ali beše očevidno da su one tek uvod u pravu pripovest. Stari hodočasnik protrlja bradu prošaranu sedinama i nastavi: „Nije zato nikakvo čudo ono što se i meni dogodilo: da zalutam negde u severnoj Francuskoj. Nisam do dana današnjeg nikome o tome pričao. Kada me saslušate do kraja razumećete zašto. Ne tražim da veruje onaj ko neće. Jer svi dobro znamo, braćo moja, da u pričama koje slušamo ima ponekad preterivanja, pa i čistih izmišljotina. Uveravam vas da je ova priča istinita od početka do kraja.

Elem, tada još nisam bio iznajmljeni hodočasnik, kao danas, nisam bio *palmar* kako zovu nas koji po nahođenju svojih gazda okajavamo njihove grehove i za njihov novac kupujemo oproste i relikvije. Nije mi simbol bila 'jerihonska palma' niti sam pripadao cehu." Hodočasnik skide šešir ukrašen mnogim značkama i medaljonima sa raznih svetišta. „Ova kapa od koje se ne rastajem već četrdeset godina, nije imala tada nijedan ukras. Išao sam u hodočašće da spasavam sopstvenu dušu, jer iako veoma mlad bio sam Gospodu pokoran i ponizan. U jednoj dobroj tuči valjano sam okrvavio ruke, pa sam rešio da potražim milost u nekom od oprostišta. Kod nas su često svraćali trgovci oprostima, ali svako je znao da su to obični prevaranti. Kao relikvije nudili su svinjske kosti ili strune od konjskog repa. A najdrskiji su pokazivali neke staklenke u kojima su, tako su govorili, uhvaćeni zvuci zvona kralja Salomona. Tri najteža zločina protiv Boga su: svetogrđe, razvrat i ubistvo. Od biskupa koji je poznavao moje roditelje dobio sam hodočasničku dozvolu uz svesrdnu nadu da ću svojim pokajanjem uspeti da iskupim tri stotine godina pakla koji su me očekivali na onome svetu.

Želim da budem sasvim iskren, onaj polurazbojnički ispad bio je samo isprika da se oslobodim dosadnog i jednoličnog života u mome rodnome mestu i života nepriličnog mladiću pustolovnog duha. Iako nisam bio pismen da bih mogao čitati knjige, slušao sam od nekih franjevaca o čudesnim putovanjima Odorika da Pordenona od Persije do Indije sa opisima višeglavih, jednookih i psoglavih ljudi, opisima najčudnijih životinja, nakaza i čudovišta. A i doživljaji ser Džona Mendevila i njegova otkrića izvora mladosti i naroda koji uživaju u razvratu i bludu, gde se muškarci i žene zajednički kupaju i opšte po svojoj slobodnoj volji, a da to nije smrtni greh nego blagodet, probudili su u meni strasnu želju za avanturama. Na preporuku svoga biskupa odlučio sam da obiđem grob apostola u Rimu i tu izmolim oproštaj za svoj neveliki greh.

Tako se jednoga lepoga dana, uz mnogo suza i roditeljski blagoslov, oprostih od starog oca i očajne majke, te se pridružih razuzdanoj skupini hodočasnika. Velim razuzdanoj, jer i dan-danas verujem da je to bila obična gomila bludnika koja nije mislila na okajanje svojih grehova već samo na to kako da što više i što neumerenije zagrabi od života. U samome početku putovanja meni se činilo da sam upravo našao ono što sam tražio, ali budući da sam bio bistar momak ubrzo sam shvatio da je ogrezlost u grehu jednako zamorna kao nezemaljsko čistunstvo a pijančenje, bludničenje, sodomija i svaki drugi razvrat više su potreba nesretnih, nego sretnih i zadovoljnih ljudi. Oni su, činilo se, tokom vremena i zaboravili kuda su krenuli i zašto su krenuli. Zaustavljali su se svuda tamo gde je bilo nešto da se popije, na svakom trgu gde je bilo igre i muzike, lepih žena, drugova u badavadžisanju. Na kraju nam se pridružila i nekakva ciganska čerga, takođe sumnjiva družina. Na sav glas su se kleli kako su i oni pokajnici, ali se ubrzo pokazalo da su obične secikese. Svoju lopovsku zaradu delili su sa mojim saputnicima, lažljivcima i farisejima. Kada sam otvoreno iskazao neslaganje sa ovakvim načinom života, jedan od tih mangupa ismeja me pred čitavim društvom tvrdeći kako dobro i jako piće i drolje odbijaju đavola, a da su glavna meta njegova i njegovih legija samostani i sve ono što je čisto i sveto. Navodio je reči opata cistercitskog samostana kako ti izrodi 'jašu po česticama prašine i zrakama sunca, posvuda rasuti poput prašine, spuštaju se na nas kao kiša, oni su tako bezbrojni da ispunjavaju čitav svet, sav vazduh. Imaju svoje škole za uništavanje duša i govore latinski bolje od svakog biskupa.' Danas sam sklon verovanju da takva razmišljanja imaju osnova, ali u ona vremena ti nevaljalci pozivali su se na opatove reči radi opravdanja svoga bludnog ponašanja. Ne znam kako bi se sve to završilo, možda bih se na kraju i sam predao tom ispraznom i lažnom životu da nas jednoga dana na nekom vašarištu ne napadoše pravi vernici, načiniše lomaču i na njoj spališe karte, ploče za igru, kocke, skaredne slike i štošta drugo pronađeno u torbama raspusnih hodočasnika. Malo je nedostajalo da i vlasnici uništenih predmeta prođu kao njihova imovina. Bog se ipak smilovao, te nas načisto razjuriše motkama, poštedevši naše živote. Tako sam hodočašće nastavio sam, napustivši grupu krivokletnika i skitnica.

Našao sam se u kraju koji uopšte nisam poznavao, među ljudima druge vere i drugog jezika, ali sa uverenjem da dobri anđeli vide sve i znaju sve, pa i moje skrivene misli te da za njih nije tajna kako sam u svome srcu ostao bogobojažljiv, a u duši smeran uprkos svim tim nesretnim događajima sa početka puta.

Ali nebo beše daleko, a zemlja blizu, kako veli jedna stara poslovica i ja uskoro uvideh da je nebo zauzeto drugim brigama a ne mojim. Sebe sam u nevolje uvalio, sam se iz njih moram izvlačiti. Iako je to bio razuman zaključak, okolnosti mi nisu išle naruku. Naime, spustila se tako gusta magla da sam morao hodati kao slepac sa rukama ispruženim ispred sebe. Skrenuo sam sa glavnog puta gacajući po žitkom blatu upavši u močvaru ispunjenu zadahom truleži i kricima čudnih ptica koje nisam mogao videti, ali čiji su glasovi zvučali podrugljivo i jezovito u isti mah. Naletao sam na drveće, a sablasne grane obavijale su se oko moga tela. Posle nekog vremena dospeh konačno do čvrstog tla, ali magla se nije razilazila. Ne znam da li mi se samo priviđalo ili sam uistinu čuo zvonjavu zvona, muziku orgulja i harfi, pesmu crkvenih pojaca. Pomislih da se uspinjem na nebo jer su mi čula to predočavala, ali biće da je sve ovo proizilazilo iz nekog stanja bunila u koje sam zapao koliko od umora toliko i od teških isparenja nezdravog predela. Posle dugog hoda i uzaludnog napora da se izvučem iz ove strašne nevidice, izgubih i ono malo snage što mi je preostalo i sasvim iscrpljen srуših se na vlažnu zemlju.

Dugo vremena provedoh u takvome stanju nesvestan sveta oko sebe, ali kada groznica prođe i otvorih oči nigde više nije bilo ni tračka magle. Ležao sam na samoj ivici litice, bilo je dovoljno samo još nekoliko koračaji da se sunovratim u provaliju. Duboko dole, obasjana suncem nazirala su se zlaćana polja, doline bujnog zelenila, guste šume, svet sasvim suprotan onom tmurnom, močvarnom i okovanom maglom iz kojeg sam dolazio.

Protrljah oči da li sanjam, ali sumnje nije moglo biti; dospeo sam do same ivice propasti, a onda mi je blagonaklona ruka anđela otvorila vrata raja. Podigoh se pun nove snage tragajući za načinom kako da siđem u dolinu. Ubrzo otkrih jednu padinu niz koju se moglo sići sa nešto veštine i upornosti. Ali, nije bez povoda spasiteljev namesnik u Rimu postavio pitanje: 'Kako je dubok pakao? Kako je daleko nebo?' Jer, čim se nađoh u tom kotlu za koji sam bio uveren gledajući ga iz visine, da je stvoren božijim blagoslovom, odjednom pomislih da je možda i đavolje delo. Sve ono što je iz daljine privlačilo preteranošću i obiljem prirode, iz blizine se činilo nakaznim. Planinski vrhunci, sa jednoga sam se upravo spustio, imali su oblik deformisanih ljudskih glava, a na nebu su nepokretno stajali gusti oblaci kao tela davljenika što su isplivala iz duboke vode. Sama zemlja po kojoj sam hodao nije bila ništa drugo nego debeli sloj truleži iz koje je nicalo razgranato drveće sa listovima poput ljudskih očiju, a livade behu prekrivene krupnim, zastrašujućim cvećem zagasitih boja, bez ljupkosti i lepote. Sa drveta koje je iznad moje glave širilo krošnju ubrah jedan krupan plod sličan jabuci, ali se on u ruci rastvori i iz njegove unutrašnjosti poteče lepljiva masa slična krvi tako da ga sa užasom odbacih u visoku travu. Nije se čuo pev ptica niti zujanje insekata, sve ono što razgaljuje dušu u prirodi. Svuda je vladala tišina, nerazdvojni deo ove duboke nepokretnosti i mrtvila. A kada sam, prolazeći kroz šumu otklanjao grane koje su mi se isprečavale na putu čuo sam, pripisujući sve to samo uobrazilji, prave, bolne jauke. Kao da je nad svime što je ovde postojalo i rađalo lebdeo onaj čuveni poklič smrti: *Yo sono la Muerte cierta a todas criaturas!*

Na jednome proplanku videh kako se igra nekoliko dečaka i devojčica. Uhvatili su se za ruke i napravili kolo, ali bez žara i veselja, tih ukrasa mladosti. Dečak koji je vodio igru podsećao je na relikviju *Nevinog deteta* zatvorenu u velikom kristalnom kovčegu u posvećenoj crkvi u Parizu. Mnogo godina kasnije, kada sam kao hodočasnik posetio groblje *des Innocents*, imao sam taj isti osećaj prisutnosti smrti, samo su tamo ta betlehemska deca počivala pod zemljom, nisu igrala svoj mrtvački ples. Nisam tada bio upućen u mnoge stvari koje danas znam, ali nečemu se čovek i ne uči, neka znanja, kako se to kaže, posisa sa majčinim mlekom. Oprezno, skrivajući se iza krupnih stabala, priđoh sasvim blizu. Na svoj užas otkrio sam da prisustvujem plesu dece nakaza, onih malih čudovišta što su, a to je zabeleženo i u hronikama, u našem veku brojnija nego i u jednom prethodnom. Umni ljudi su ustanovili čvrstu, neporecivu vezu između moralnog rasapa i nereda u prirodi. Greh čoveka proširio se na prirodu i sve se izopačilo. Živimo u vremenu vladavine budala i pokvarenjaka.

Laž je zauzela mesto istine, a svak se razmeće glupošću umesto pameću. 'Preokrenuti svet je pokvareni svet', kazuje jedna knjiga koju sam nedavno imao u rukama. Njen naslov je *Knjiga o žalosnom stanju čovečanstva*. Spominjem to da bih vas pripremio za prizor koji me je do kraja ispunio grozom. Iz obližnje šume, nasuprot mome skrovitom zaklonu dolazila je kolona spodoba, poluživotinja, poluljudi da se priključi igri. Napred je hodala užasna životinja sa glavom magarca, grudima i trbuhom žene, slonovskim nogama. Potom stvorenje skroz prekriveno ribljim krljuštima, pa vepar sa ljudskim udovima. Sve tako do dlakavog stvora na kraju povorke sa dve glave, dva repa i šest nogu. Sav taj nakot uhvati se onda u kolo i zaigra na poljani! Ništa užasnije nisam video u životu a nadam se da i neću videti! Rekao je jedan učeni čovek: 'Sva zemaljska mizerija, sve učinjeno zlo, sva mržnja, utiskuje svoj beleg na duh sveta i preko njega na ljudska tela.'

U tako ispreturanom, izopačenom i iskrivljenom svetu, udaljenom od svoga središta nema više nikakvog reda ni u duhu, ni u prirodi i sve hrli ka haosu. Rasplet takve izopštenosti može biti samo Strašan sud. Tako sam mislio onda, a tako mislim i danas: pogledajte koliko se namnožilo protuva, probisveta, arhilupeža, veštaca i veštica. Nedavno je u mom kraju jedna žena donela na svet devedeset i petoro dece, sa prasećim glavama, lišenih razuma. Oni koji imaju nešto pameti bačeni su u rupe, prebivaju u brlogu i blatu, a na najviša mesta uspeli su se ljudi plitkog uma i velike poročnosti. Sve je naopako, sve se rastače u prostoti i gluposti! Stajao sam u onom zaklonu zgromljen ovakvim izrugivanjem prirodi. Gledajući:

Toliko bezobličnih nakaza
Sa nogama gore, glavom dole
Mrtvorođenčad, pse, telad, jaganjce i mačke
Sa dvostrukim telom, tri oka i pet uha.

Iznenada, iz trule i rastresite zemlje svuda oko mene počeše da se pomaljaju odvratne životinje poput velikih pacova, guštera, žaba, zmija, krtica, letećih škorpija, svi oni pohrliše prema igračima u kolu, sa očevidnom namerom da im se pridruže. A iz razrivenih i otvorenih rupa izmile silesija velikih crva i buba sa nekakvim čovekolikim izraštajima što ih je činilo posebno odvratnim. Morao sam da napustim zaklon. Želeo sam da se neopaženo povučem, ali to sam učinio nedovoljno oprezno. Nakaze me spaziše; nasta neopisiva cika, vriska, groktanje, arlaukanje svake vrste i sav taj izopačeni nakot prekinuvši svoju glupavu zabavu krenu prema meni. Sabravši sve preostale snage zaždih u šumu. Gonjen neopisivim strahom trčao sam tako besomučno da sam ubrzo umakao goniocima. Ali su mi još dugo u ušima odjekivali zvuci gajda, rote i Panove frule, a pred očima lebdeli prizori *Danza de la Muerte.*

Napustio sam ukleti kraj istim putem kojim sam došao, moleći Gospoda da taj izopačeni svet pokrije neprozirnom maglom i dubokom tminom daleko od pogleda zalutalog putnika! Zlokobna močvara ukaza mi se kao dugo čekano spasenje. Dragi Bog smilovao se mojim molitvama. U jednom svetilištu otkupih dragocenu relikviju, bočicu sa Hristovom krvlju. Reših da se vratim kući, nadajući se da sam hodočašćem otkupio greh nasilništva. Ali kako sam se približavao rodnom kraju obuzimalo me je sve veće nespokojstvo. Nekada preopterećeni putevi stotinama i hiljadama putnika u svim pravcima sada behu gotovo pusti. Malobrojni putnici sklanjali su se u stranu, izbegavajući svaki razgovor. Sela su se za ovo kratko vreme moga odsustvovanja na neobičan način promenila. Neka kroz koja sam više puta prolazio jedva prepoznah. Na poljima su gorele vatre čiji smisao i značenje nisam mogao odmah da otkrijem. Oštar, nepodnošljiv smrad ispunjavao je vazduh. Nailazio sam na iskopane rake ispunjene ljudskim telesima u raspadanju. Okolo su hodali psi hraneći se ljudskim i životinjskim ostacima. Izgladnela stoka tukla se za pravo gozbe na ovoj mrtvačkoj trpezi. U neviđenom broju namnožili su se pacovi. Spodobe ljudskog tela i ptičijih glava ulazili su u kuće i iznosili mrtve. Da li sam sanjao? Pobegao sam iz iskrivljenog i izopačenog sveta, da bih se opet našao u takvom svetu! U svetu najstrašnijeg pomora koji čitave narode i države dovodi do ludila i groznice. Tu prestaju da postoje pobožnost i bezbožnost, smrt blagosilja greh i nitkovluk. Niko više ne misli na budućnost. Postoji samo opšta izbezumljenost – i smrt. Upao sam u središte toga. Otišao sam putem hodočasnika da iskupim svoj greh, a vraćao sam se u zemlju bolesti, nasilja i bezbožništva u rasulo uma i raspad svega duhovnog i fizičkog. Moj dom više nije postojao, tela oca i majke ležala su u nekoj zajedničkoj grobnici ili na ledini oglodani od pasa i zveri. Roditeljska kuća beše opljačkana od strvodera i spaljena.

Pronađoh biskupa sa čijim sam blagoslovom i dozvolom krenuo na put. Nije me isprva prepoznao, a zatim kada mu objasnih ko sam i šta mi se usput dogodilo, on se samo uhvati za glavu, pomerajući telo u jednoličnom ritmu, te pomislih da je i on, jadnik, kao i mnogi drugi sišao sa uma. Govorio je ne o mesecima, već o godinama moga odsustva, o mnogim godinama. Dugo mi je trebalo da shvatim da sam zaista otišao kao mladić a vratio se kao sredovečan čovek. Minuti i sati provedeni u onom izopačenom svetu po nekom čudnom i tajanstvenom časovniku računali su se kao meseci i godine.

Napustio sam rodni kraj i posvetio se hodočašću. Kupujem oproste za one koji dobro plate moje usluge. To je za mene posao koga će biti dogod bude na ovome svetu grešnika i dovoljno svetih relikvija. A nijednoga, ni drugoga, neće nedostajati. Ali, što sam stariji, sve se češće pitam: čemu sve to ? Čemu uopšte život ako ga neke sile jače od nas mogu menjati i preudešavati po svome ćefu? Ako nas po volji mogu bacati kroz prostor i vreme, od sna do jave, od milosti do nemilosti, bahato se poigravajući sa svim onim tobože sigurnim i stabilnim osloncima na kojima počiva ljudski život. Možda samo zato da bismo u trenucima kada zastanemo na nekom odmorištu kakvo je ovo, mogli ispričati neobičnu priču. Ništa više."

VIII GLAVA

Strah u vremenu kuge. Družine luda.
Fascinacija smrću.
Melanholični princ i razuzdana gomila.
Izbor kralja budala. Noć sv. Dionisija. Maska smrti.

Goniči magaraca još su se izležavali u hladu dok je vođa karavana sa svojim pomoćnicima tragao za mestom gde je gaz najplići a prelaz na drugu stranu rečice najsigurniji. Javi se hodočasnik koji se od drugih razlikovao po tome što čitavo vreme puta nije skidao kapuljaču. U potpunosti mu je pokrivala glavu, i skrivala lice, ostavljajući samo dva otvora za oči. Ovakve zabrađene lutalice viđao sam i u mojoj rodnoj Sevilji. Za takve se govorilo da su grešnici nad grešnicima. Položeni zavet obavezuje ih da ne otkriju lice dok sasvim ne okaju greh. No, bilo je i onih što su iz samo sebi poznatih razloga želeli i na ovakav način da sačuvaju svoju privatnost. Svako nosi svoju sudbinu. Neki putnici i u grupi ostaju skriveni. Uvek su po strani, tihi i neprimetni, za razliku od one posebne vrste hodočasnika, česte na glavnim putevima što poskakuju, hodaju unazad, vrte se u krug ili bičuju sami sebe pevajući psalme, privlačeći opštu pažnju.

„Moj uvaženi prethodnik govorio je o zebnji, užasu, melanholiji i pustoši koje strašna bolest ostavlja za sobom. Učeni i pametni ljudi otkrili su da moralna utučenost i strah čine čoveka podložnim zarazi. Vazduh pun otrovnih isparenja napada stvorove nesposobne da se suprotstave panici i utučenosti. Ja dolazim iz velikog grada. Odmah na samome početku bolesti gradske vlasti su naredile da se organizuju velike zabave svuda gde je to moguće kako bi narod u karnevalskoj razuzdanosti, terevenkama i pijančenju odagnao strepnju i slavio život. U vreme najstrašnijeg pomora mnogi su išli od krčme do krčme, ponašali se razuzdano kao nikada u dotadašnjem životu, rugajući se svakom strahu, rugajući se i samoj smrti. Na mnogim stranama organizovane su *družine budala*, koje su za razliku od onoga što smo čuli u priči moga uvaženog brata bolesni svet pretvarali u karnevalski svet. Pošto sam imao zadovoljstvo da pripadam jednom takvom udruženju spomenuću reči jednog svetog čoveka kako 'ludak kao i mistik ili sasvim malo dete jeste onaj čija prazna glava, oslobođena uticaja sveta, može da primi dah svetoga Duha'. Ali, braćo moja, primajući ovo kao istinu o urođenoj bezazlenosti ljudske duše, moram izneti i jedno drugo razmišljanje, jednog drugog duhovnika da 'đavoli tokom karnevala izokreću prirodu čoveka, a potom, dočepav ga se, daruju ga paklom'. Mogu posvedočiti da ovakve strahote, koliko god da zastrašuju ljude, toliko ih i privlače svojom mračnom stranom. Smrt i njeni razni rituali opčinjavaju razumna stvorenja ograničenog životnog trajanja. Gomila je pratila prebacivanje leševa i njihovo sahranjivanje u velike zajedničke grobnice. Ne samo opijenost od pića, postojala je i jedna druga, rekao bih umobolna opijenost umiranjem, fasciniranost mrtvacima. Postoji, izgleda, u svakom čoveku ta izazovna želja da priđe što bliže smrti, dodirne je, oseti njen dah. Poznajem desetine naizgled normalnih ljudi koji su u najsumornijim danima vladavine *crne smrti* hodali unaokolo svesno izazivajući opasnost, upuštajući se u najčudnije avanture koje je u stanju da smisli izivitoperena ili bolesna mašta. Postoji verovanje, da se okuženi mogu otarasiti svoje boleštine ako zadovolje životinjsku žudnju na zdravoj osobi, ili ako na smrt pretuku takvu osobu. Ne usuđujem se da opisujem prizore ljudske bestijalnosti kakvih ima u doba kuge, i u vremenima sličnih katastrofa. Strašna nasilja, kanibalstvo, želja da se drugom ljudskom biću nanese zlo, fascinacija smrću – eto nekoliko opsesija u čijoj se senci odvija sveukupni život. Zakoni i moral tu ne važe.

Svojim sam očima video kolone šizmatika koji su u ime najčišće vere pozivali na služenje bogu Baalu. Odeveni u crno, sa crnim zastavama uz udaranje ogromnih bubnjeva hodali su od grada do grada propovedajući preobražaj ljudskog roda kroz bolest i umiranje. Ima mnogoborojnih svedočanstava da su na oltar ideje o novom Bogu koji će zavladati svetom posle ove pošasti, prinosili ljudske žrtve, 'otpadnike' i 'nevernike'. Pripremali su potom prave gozbe na kojima su posebno služeni delovi ljudskog tela, uz obrede veličanja zdravlja i snage. Jedan mudrac je izrekao ovakvo proročanstvo: 'Mislim da se ljudsko meso još ne jede zato što nije dobro. Ali će se uskoro jesti, ne zbog gladi,ili što je dobro, nego zbog bezumlja. Neće se znati kako biti još opakiji pa će jedni druge jesti. Samo zato da bi bili još gnusniji.'

Mnogo sam o ovome razmišljao. Čemu sve te strahote, svi ti košmari i užasi, boleštine i ratovi? Mora li prethodno doći do uništenja jednog posrnulog, zagađenog sveta, da bi nastao novi? Da li se uvek iznova obnavlja prvobitna istorija ljudskog roda, nastanak života iz uzavrelosti različitih elemenata, iz kala i blata? Ne znam. Nemoć da odgovorimo na ovako važna pitanja čini nas nesretnim i melanholičnim.

Na svome putovanju naslušao sam se mnogih priča, ali ubeđen sam da nema čudnovatije i jezovitije od one koja se u danima kuge dogodila mome prijatelju čije ime ne spominjem jer je to ime dobro poznato u njegovoj i mojoj domovini, ime koje već generacijama predstavlja oličenje uvaženosti, poštenja i ugleda.

Elem, ovaj se vlastelin okružio sve samim zabludama. Poverovao je da se sve to njega ne tiče; po položaju i moći nalazio se iznad sveta smrada, prljavštine i gnusoba. A onda u jednom danu pošast je posetila i njegov zaštićen dom. Nije stigao ni da se pribere, a smrt je već pohodila skrovite odaje ostavljajući za sobom neizbrisive tragove. Isprva je stradala posluga. Posle nekoliko dana oboleše i roditelji. U pustoj kući ostade sam, očajan i bespomoćan, izložen kužnom zadahu umiranja. Lutao je beznadežno avetinjskim hodnicima opustelog doma. Tišina okužene kuće dovodila ga je do ludila. Da bi se oslobodio sablasti, ružne stvarnosti ali i samoga sebe, predade se pijanstvu. Opijao se do besvesti. Budio u teškom mamruluku. Razmišljao je o smrti kao o najvećem poklonu. Grozničavo se molio da usni bez bola i sramote i više se ne probudi. Ali Gospod ne usliši njegovu molitvu. Tada ga obuze osećaj nepravde i besa. Navuče prinčevsku tuniku. Odlučio je da izađe iz svoga zamka i utopi se u razuzdanu gomilu.

U teškom pijanstvu teturao se od zida do zida. Vrtelo mu se i mutilo u glavi ali ne dovoljno a da ne vidi zgusnutu sliku jada, bola, raspusnosti i bede nastalih u ovome vremenu beznađa. Izbezumljena svetina poneta divljom razuzdanošću tragala je za bolesnicima. Sve sumnjive tukli su do krvi, uz mnoge psovke i nekakvo prostačko sumanuto podvriskivanje. Bilo je i mnogo tuča oko deobe plena opljačkanog u napuštenim kućama. Često bezvredna imovina postajala je uzrokom teških rana i sakaćenja. Na jednom trgu od straha se porađala neka žena i naočigled okupljenog naroda donela je na svet neko bezoblično biće; teško bi se moglo reći da je ljudskog roda. Nekoliko ulica dalje iz velike buradi točilo se vino. Jedni su podmetali lonce i šerpe, drugi glave, kupajući se u mlazevima dobrog alzaškog vina što je sada u potocima teklo niz strmu ulicu. Nekoliko pasa lokalo je ovaj božiji nektar; posle izvesnog vremena nestajalo je razlike između životinja i ljudi. Kevtanje, vriska, posrtanje, potpuno pijanstvo okončavalo se podrigivanjem i povraćanjem. Sa drugog kraja ulice nailazila je karnevalska povorka. Učesnici povorke kružili su gradom noseći upaljene sveće. Tragali su za lakrdijaškim kraljem. Izvikujući svakojake gadosti izlagali su pogledima najintimnije delove tela, huleći na svetinje.

Ostao je običaj u narodu da se na dan sv. Dionisija slavi *Praznik budala*. To je posvećenje svemu što je suprotno zdravoj pameti. Uostalom, već je rečeno da je 'glupost slobodna praznična mudrost'. Papu lakrdijaša ili kralja lakrdijaša bira narod. Taj vladar postaje budaletina nad budaletinama, izložen svakoj mogućoj poruzi i muci – sve do dobrih batina. Mladi aristokrata onako kicoški obučen odmah privuče njihovu pažnju. Poniziti neku istinsku budalu – ne znači za gomilu baš ništa. Ali izložiti poruzi onoga ko je iznad ili izvan gomile, to je upravo ono što traži. Uz mnoge povike odobravanja uvališe mu kraljevsko žezlo. Muzikanti ovaj čin propratiše bučnim udaranjem u svoje instrumente. Ponet na rukama gomile novopostavljeni kralj bačen je na okićene taljige, vozilo njegovog kraljevskog veličanstva.

Bez ikakvog otpora dopustio je da ga izvrgnu ruglu. Bio je ispunjen tako dubokim gađenjem, prezrenjem i odvratnošću prema beslovesnoj gomili da je pustio nek ga nose kud im je volja. A gledajući lakrdijašku masu, ta naduvena lica, okrugle crvene noseve, svinjske oči, tu zadriglost i prostotu razularene svetine, pomisli kako sve to nije ništa drugo nego nekakav odvratan san. Okolo su poskakivale spodobe u ludačkoj odeždi i sa iscerenim maskama. Veselje je podstrekivalo grubosti. Trpeo je udarce sa svih strana. Bol ga prizva svesti. Ubrzo je shvatio u kakvoj se nezavidnoj i ponižavajućoj situaciji nalazi. Dvojica komedijaša vukli su taljige po neravnoj kaldrmi. Taljige su poskakivale, on je padao i dizao se. Masa se neprekidno povećavala. Narod je dolazio da pogrdama i uvredama pozdravi kralja budala i lakrdijaša. Mukli udarci bubnja i otegnuti zvuk frule pratili su kraljevsku povorku dok se kretala prema najvećem gradskom trgu.

Kako je prolazilo vreme mladi dvorjanin poče da dolazi sebi. Postao je zarobljenik brutalne gomile. Gomilu je oduvek prezirao kao nešto varvarsko. U gomili bednici svih vrsta, jadni i ništavni, ponizni robovi i beskarakterne sluge oslobađaju se svoje beznačajnosti i nemoći i dobijaju golemu snagu. Užasavao se gomile jer gomile umeju samo da razaraju. Svi ti udovi, sva ta telesa, sve te oči bile su jedan organizam, jedno čudovište čiji je vatreni dah sekao noćni vazduh gušeći ga svojom vrelinom. Da, ponizna braćo u Gospodu, taj oholi kraljevski ljubimac, miljenik Božiji na zemlji, nije za tu raspusnu gomilu rugoba osećao bilo šta osim urođenog i dubokog prezira. Po pameti su mu se motali oni poznati stihovi:

> Napred, napred! Okrenite se tamo.
> Vidim nešto čudno, čini mi se.
> A šta, stražaru, šta vidiš?
> Deset hiljada pacova vidim na gomili!

Uz buku, vrisku i ciku dovukoše taljige na prostrani trg, a gomila pripravna za najsiroviju vrstu zabave stade da kliče izabranom kralju budala. Možda bi plemić, sada pošto mu se razbistrila glava, pokušao da utekne odričući se ove sumnjive časti, ali kraj njega su stajala dvojica mišićavih telohranitelja čiji je jedini posao bio da ga milom ili silom zadrže tu gde je. U narednim minutima, svukoše sa njega prinčevsku odeću i preko njegove golotinje prebaciše suknenu vreću, a onda još povrh toga i obrazinu kralja budala, polupseću, poluljudsku masku, kakva pristaje ovakvom kralju po starim zakonima i utvrđenim pravilima ceha luda i glupaka. Uz neopisivu graju ova raspojasana bulumenta zasu svoga vladara kamenicama, pljuvačkom i udarcima, tako da nesretni mladić posrnu sav u krvi. Možda je jadnik u tom času pomislio kako je samo jedna kaplja Spasiteljeve krvi bila dovoljna da spase čovečanstvo od svih grehova, a potoci njegove krvi služe jedino za podsmeh i izrugivanje svetini. Napisano je u svetoj knjizi: 'Radije budi lavlji rep nego pseća glava.' Ali, nije mogao iz svoje kože, on, budalasti i veseli gospodar zemlje u kojoj je sve bremenito smrću.

Oni najbezobrazniji prišli su sasvim blizu i uz obilje udaraca zahtevali od svog kralja da im ispuni želje. Možete zamisliti šta je taj pogani nakot bulaznio. Ne o spasu grada, o spasu svojih najbližih; nalazeći se u predvorju smrti čeznuli su da napune stomačine, puste na volju priplodnim organima, da ždreu, loču, kurvaju se i mlate drvenim batinama. Takav je narod, braćo, kada ga obuzmu karnevalske strasti, pod senkom opšte propasti. Mudro je rečeno da je karneval samo jedan oblik opšte poremećenosti. Kao što je ona sirotica porodila maleno čudovište, tako se i masa začas preobrazila u nešto nakazno i opasno.

Jedan glas došapnu princu: 'Ispunjavaj želje; zato si kralj. *Kralj budala.* Danas je dan sv. Dionisija, sedmi dan u trećem mesecu proleća i Gospod budala, ludaka i protuva daje tvome kraljevskom žezlu moć koju verni podanici očekuju!' Osvrnuo se naokolo, ali nije video onoga koji je tako govorio. Oko njega se igralo, pijančilo, mnogi su se valjali po zemlji sparujući se kao životinje a huk talambasa nadjačavao je vavilonsku galamu. Novoustoličeni kralj podiže žezlo, simbol kraljevskog dostojanstva i usmeri ga prema onima od kojih je dobijao najžešće udarce drvenim toljagama. 'Dabogda se pretvorili u pacove, i ostali to za vjeki vjekov. Amin!' U istom trenu dogodi se čudo, tamo gde su stajali kočoperni i razgoropađeni maskari sa batinama, začičaše odvratni debeli pacovi. Razmileše se između nogu pijanaca, tražeći đubrišta i kanale ispunjene svakojakim đubretom. Kralj je visoko držao žezlo. Pošto su se ponašali kao stoka pretvarao ih je u telad, magarce, konje, mazge, prasad. Trgom odjeknu njakanje, groktanje, rzanje, njištanje, piska i cika. A onda se ta raznolikost stvorova u Gospodu raziđe po gradskim četvrtima, poljima i rupama.

Tako je zadovoljena pravda: lakrdijaška masa dobila je što je tražila - pravo obličje svoje žudnje. Moćni *Kralj budala* spusti žezlo. Mogao je da predahne. Trajala je noć svetog Dionisija i Bog prirode ulio je u njegovo žezlo delić svoje snage. Sve je podložno promeni: dan se pretvara u noć, noć u dan, smenjuju se godišnja doba, nastaju i nestaju planine, reke, mora. Jedni oblici života prelaze u druge oblike života: ništa nije stalno, ništa večno. Za moćne sile koje gospodare našim životima pretvoriti čoveka u psa ili svinju u čoveka nije ništa drugo nego obična zabava kojom se razbija monotonost i dosada sveta."

Hodočasnik sa kapuljačom prestade sa pričom. Zanet mislima, pognute glave, udarao je prutom po dlanu.

„Šta se na kraju dogodilo sa lakrdijaškim kraljem?"
upita neko.

Pripovedač podiže glavu. Kroz uske proreze nazirao se sjaj skrivenih očiju. Progovorio je muklim, dubokim glasom koji je, kako se činilo, bio glas drugog čoveka.
„Sišao je sa taljiga, na pustom trgu. Iz senke mu priđe duga, vižljasta, koščata prilika. I znate šta ugleda: Kugu, onakvu kakva se prikazuje na mnogim slikama: ogrnutu dugim crnim plaštom sa blistavim sečivom kose u rukama i licem smrti, sa lobanjom na kojoj su umesto očiju dve strašne crne rupe. 'Za uspomenu na ovo veče', promumla ovaj stvor, glasom koji je odmah prepoznao, bio je to glas njegovog malopređašnjeg savetnika, 'dobijaš na poklon masku koju ćeš nositi do kraja života!' Uz kikot, Kuga nestade. Uzalud je mladić pokušao da skine masku kralja budala i lakrdijaša. Postala je njegovo novo lice, lice životinje i čoveka, u isti mah. Otada pa do kraja svoga veka, a možda i na drugom svetu ostao je *kralj budala*, kralj lakrdijaša, ljudsko biće sa glavom psa, ruglo i podsmeh prirode. Svake godine na dan svetog Dionisija moli i preklinje za milost, ali njegovo lice još uvek je pasje. To je kraj priče."

IX GLAVA

Nastavak putovanja. Nad ambisom.
Istinita priča o opasnosti tajnih znanja. Prizivanje demona
i bitka sa silama tame. Prenoćište.

Ove poslednje reči izgovorene sumornim glasom izazvaše nelagodna osećanja. Da li je sve bilo izrečeno? Možda je nedostajala još jedna rečenica, završno poglavlje. No, u taj čas glas vođe karavana opomenu da se putovanje nastavlja. Na brzinu zatrpasmo ognjište, svak uze svoj zavežljaj i jedan za drugim krenusmo na svoja mesta u karavanskoj povorci. Naša povorka, sada je brojala pedesetak duša, pređe rečicu na ranije određenom mestu. Jedno vreme hodali smo ravnicom. Oko nas širile su se livade prekrivene raznobojnim cvećem što je ovaj deo puta činilo prijatnim, pa se u karavanu ponovo oseti dobro raspoloženje. Kad prođosmo dolinu, put nas povede prema obroncima sive planine. Opšti izgled zemlje postao je sumorniji i siromašniji. Put se sužavao. Sa jedne strane dizao se zid okomite stene koja je, kako se činilo, dodirivala nebo, a sa druge otvarala se duboka provalija. Prestade svaki razgovor, valjalo je pažljivo hodati. Na opasnim delovima puta obazrivo smo zastajali pre svakog narednog koraka. U sve se uvukao nekakav strah. I životinje su postale tihe, poslušne, sledeći svaku naredbu svojih gospodara bez one uobičajene tvrdoglavosti što je posebno odlika tovarnih mazgi na ovakvim uskim i strmim puteljcima. Bližilo se veče, a napredovali smo veoma sporo, uz strepnju da neki neoprezni korak čoveka ili životinje ne dovede do nesreće. Konji, životinje ravnih predela, pokazivali su uznemirnost svojstvenu zverovima kada naslućuju opasnost. Otvarali su velike gubice, plazeći duge jezike prelazeći sa poslednjim naporom i uz ljudsku pomoć deo po deo planinske staze. Na jednom mestu karavan zastade jer put beše zatrpan odronom. Vođa karavana zaustavi čelo kolone. Posle kraćeg dogovora odabra ljude koji prionuše da rašćiste put. Ostali su dotle pored uznemirenih životinja stajali na malom prostoru iznad ambisa. Sunce je zalazilo iza magličastog horizonta. Crvena sunčeva lopta lagano je klizila prema dalekom Kraljevstvu zapada ostavljajući za sobom bledi trag umiranja. Stiže ubrzo sumrak, a sa njim ovlada hladna planinska noć. Iznenada, u času najvećeg nespokoja, začusmo zvuk zvona. Jedan od hodočasnika, moj novi poznanik Dominik, objasni da su to zvona sa bivšeg samostana gde ćemo uskoro potražiti prenoćište. Dominik nas upozori da se ovo svratište razlikuje od onih kakve hodočasnici sreću na svome putu jer u njemu nećemo naći ništa osim krova nad glavom i čopora miševa i pacova. Nekada to beše veoma bogata opatija na čijem su ulazu ispisane reči svetog Benedikta iz Nursije: „Dobrodošli su nam siromasi i hodočasnici, jer sa njima prihvatamo i našega Gospoda." Ali sada je opatija napuštena, tu je samo jedan isposnik. Svako veče poteže zvona i pali posude sa vatrom kako bi zalutali putnici sigurno stigli na odredište. U neprijatnim okolnostima u kojima smo se nalazili, ove reči izazvaše znatiželju. Put još nije bio oslobođen odrona, pa Dominik nastavi sa pričom.

„Ja razmišljam ovako: zle sile svojim delovanjem menjaju sudbine ljudi i upravljaju njima. Sveta knjiga naziva Đavola imenom *Legion,* što znači da se javlja u bezbroj oblika sa bezbroj lica. Nazivaju ga i *Gospodin Niko* jer ni čuveni teolozi ne mogu da ustanove njegovu pravu prirodu. Izračunato je da đavolje kraljevstvo broji sedamdeset i dva princa i sedam miliona četiri stotine i pet hiljada devet stotina i dvadeset i šest đavola. Lucifer ili *Kralj Vavilona* govori danas kroz stotine proroka, iscelitelja i astrologa, prerušavajući se i stavljajući različite maske. Vi ste, gospodine i brate, govorili o čudesnom susretu sa Crnom smrću, a ja vam velim da sam uveren kako vas je iskušavao lično on, Pali anđeo, Satana. Nesreća samostana pred čijim ćemo se oronulim zidinama uz božju pomoć uskoro naći, potvrđuje onu staru i često ponavljanu istinu da nas njegove podvale više od svega učvršćuju u uverenju o njegovom postojanju. O, kako samouvereno deluju popovi kada nas ubeđuju da crkva i molitva spasavaju od đavola! Ili, sećam se stiha, slušao sam ga kao dečak:

> Zlo će nestati u plamenu sveća,
> istopiće se sa suzama.

U ovom samostanu, uveravam vas, monasi behu svom dušom odani jedinstvu kraljevstva Božijeg. Tu su se učili askezi iskušavajući u sebi i na sebi zakone zemaljske i nebeske. Posvećivali se meditaciji o poljskom cveću kako bi došli do čiste ideje o lepoti u jednostavnosti i obilja u siromaštvu. Sjaj sunca i njegova toplina vodili su misli do lepote obasjanja, a noći u kojima je nad samostanom mesec rasipao bledu svetlost otkrivale su onu stranu prirode koja je više usmerena prema sanjarenju i čistim snovima. Sedam puta na dan redovnici su u molitvi dizali pogled prema visokim lukovima samostana videći u njemu nebeski svod. U svojim čistim mislima, u duši i srcu, oni su bili pravi nomadi, hodočasnici prema Bogu.

Prihvatali su putnike i hodočasnike. Od onih koji su se razmetali svojim bogatsvom i bili kraljevske krvi do onih ubogih siromašaka što ostvaruju svoj zavet hodajući od svratišta do svratišta uzdajući se u dobre ljude i njihovu milost. Ovo nekada tako sveto mesto, zadugo predstavljaše pravo božije utočište, gostoljubivi dom u predelima divljim i nemilosrdnim. Putnici su tu nalazili nekoliko opremljenih kuhinja, pekara i podrum sa vinima najboljeg kvaliteta. O opatu mogu toliko reći da je bio cenjen i poštovan koliko zbog razumnosti i poštenja, toliko i radi obrazovanja i učenosti. Pričalo se, ne bez razloga, da je veliki poštovalac oca Trithema iz samostana u Sponhajmu, nadaleko poznatog po izučavanju tajnih oblasti božijeg znanja, učitelja čiji učenici ulivaju poštovanje.

No, kao što je poznato, velika učenost može postati uzročnik velikih nevolja. Ko će reći gde prestaje teologija a počinje magija, gde se, u kom času, napušta vera u Boga, a začinje vera u Đavola. Oblasti demonologije jednako su široke i neuhvatljive kao i oblasti božijeg nauka. Tajna znanja približavaju osetljive duše ponorima mračnih dubina nepoznatih iskušenja. Pogledajte u ove provalije što nas okružuju! Ima li nekog da nije zadrhtao hodajući ovom uskom stazom pri pomisli da je dovoljan samo jedan neobazriv korak za strašan pad u ponor? I oni najhrabriji ne mogu da se suprotstave iskonskom strahu jačem od svake razumne misli. Sličnim opasnostima izložen je ljudski duh pred ambisom tajanstvenih i opasnih znanja.

Do kraja obuzet izazovima različitih prirodnih misterija opat se povremeno upuštao u oblast magije. Uspevao je da prenosi poruke na daljinu i tako razgovara ne samo sa ocem Trithemom nego i sa mnogim drugim duhovnicima od kojih su neki pripadali prošlim vremenima i vekovima. Paracelzus, jedan od najčuvenijih učenika oca Trithema, govorio je da se delovanjem na daljinu može ubiti čovek. Zabrinut što je isuviše ušao u okultne oblasti gde se traže usluge duhova čija imena nije znao, pa nije mogao ni kontrolisati njihovu moć, opat se o ozbiljnosti svojih strepnji posavetovao sa mudrim Paracelzusom. Ovaj je odgovorio kako ni sam čovek nije telo, već je srce i duh ono što čini čoveka. 'I taj duh je jedna zvezda iz koje je on nastao. Ako, dakle, čovek u svom srcu poseduje savršenstvo, ništa od njega nije sakriveno od onoga koji osvetljava prirodu.' Otac Trithem osnovao je tajno društvo *Keltsko bratstvo* da bi se njegovi pripadnici, među kojima i opat, zaštitili od raznih opasnosti i slučajnih nesreća povezanih sa proučavanjem magije i održavanjem veza sa svetom duhova.

Uprkos svim predostrožnostima, dogodilo se ono što se dalo naslutiti: žudeći za skrivenim i velikim znanjem opat je neprimetno zašao u zabranjene demonske oblasti. Kada je prizivao duhove vazduha uz čiju pomoć misao putuje u udaljena mesta, javljale su se sablasti koje iskrivljavaju poruke, unose pometnju i uznemiravaju čitavu opatiju. Opat je pokušao da izgubljeni mir povrati povlačenjem u sebe i posvećivanjem molitvama, ali drski bukači više nisu ostavljali na miru ni njega, ni opatiju. Većina tih izrugivačkih duhova obitava u podzemlju, u planinskim špiljama, ili na dnu ovakvih provalija iznad koje upravo stojimo. Čini se, nema nikakvog drugog razloga njihovog postojanja osim da prave nevolje, izazivaju štete i šegače se sa svim i svakim. Ja sam uveren da je i ovaj odron stene njihov marifetluk. Prosto, tu su da napakoste. Njihova pojava u samostanu nije donela neke velike štete, ako se izuzme opšte stanje zbunjenosti među redovnicima. No, kasnije se pokazalo, predstavljali su prethodnicu prave legije demona koji su, izvršavajući volju i naređenje svoga vrhovnog zapovednika opsedali tela i duh monaha navodeći ih na radnje u potpunosti oprečne zakonima crkve i monaškog reda. Odbijali su da obavljaju svakodnevne dužnosti, čineći različitte nepodobštine: valjali su se po podu, plazili jezike, bečili oči, vređali Gospoda i Devicu Mariju, pljuvali na krst i svete mošti. Opat je shvatio, ali kasno, da je svojim neopreznim upražnjavanjem magije otvorio vrata samostana opasnim nezvanim gostima. U očajanju, uvidevši da tu nikakve molitve ne pomažu, obratio se prijateljima iz *Soldalitas Celtica*. Proučivši stare knjige o demonima, braća zaključiše da je reč o stvarnom slučaju opsednutosti i poslaše u opatiju jednog iskusnog egzorcistu u pomoć. Ovaj, uz pomoć magijskog Solomonovog prstena pokuša da prisili demone na poslušnost i sazna njihova imena. Sam Belzebub u obliku džinovske muve pokuša da spreči egzorcistu i njegove pomoćnike u tom naumu. Ne znam da li su se ikada na jednom mestu stekli zli anđeli tako visokoga ranga. Jedan po jedan, uz velike muke i strašne otpore, naterani užasnom snagom Solomonovog prstena, otkrivali su svoja imena: Jeronimus, Princ smrti, za njim Moloh, Princ Zemlje Suza, Pluton, Princ Vatre, pa ostala imena čije samo spominjanje izaziva jezu, Astarot,

Adramelek, Nergal. Bili su tu i demoni, ambasadori pojedinih zemalja – Mamon iz Engleske, Belijal iz Turske, Rimon iz Rusije, Tamuz iz Španije.

Uzorna i bogugodna opatija pretvorena je u poprište borbe sa silama tame. Opatova neopreznost, njegova želja da se uz pomoć magije približi skivenim znanjima, otvorila je prolaz demonima. Ljudska tvar je sačinjena od porozne materije: upija i dobro i zlo, ne uspevajući da ih razdvoji, često zamenjući zlo za dobro i dobro za zlo. Zli duhovi u potpunosti preobažavaju ličnosti opsednutih. Mudri postaju bezumni, mirni ključaju u besu, trezveni se pretvaraju u pijance, odmereni izbezumljuju od pohote. Sve se postavlja naopačke, ne zbog bolesti ili promene karaktera već od spoljašnjeg zla. Isterivač demona je obavio posao, ali to nije donelo spokojstvo u opatiju. Demoni nižeg ranga nastavili su sa uznemiravanjima. Bili su nevidljivi, ali svuda prisutni. Jela su postala neukusna jer su u lonce ubacivali razne sumnjive sastojke. Vino su pretvarali u sirće, a vodu u loše vino. Svake noći čula se lupa na ulaznim vratima, uz dečije jecaje. Putnici su obilazili ovo nekada tako ugodno svratište. Opat, osećajući duboku krivicu zbog potpune pometnje u manastirskom životu, obratio se očajničkom i iskrenom molitvom Gospodu: 'Svemogući Bože, ako je Tvoja želja da ovo sveto mesto postane leglo đavoljeg nakota povinovaću se Tvojoj volji jer Ti si moj Bog zauvek; ljudski um ne može da pronikne u sve tajne namere. Štošta je čoveku verniku neshvatljivo: Zašto se iskušenjima izlažu verni i privrženi, a ne otpadnici i zlotvori ? Čemu razuzdanost i sveprisutnost demonskih sila, kada je Tvoja moć opšta i neograničena? Mogu Ti postaviti bezbroj ovakvih i sličnih pitanja. Umesto toga klanjam se Tvojoj večnoj slavi, prihvatajući sve što ćeš od mene zahtevati: pokoru, kaznu, iskupljenje!' Tako je govorio opat provodeći duge pokajničke dane u tami isposničke odaje, izranavljenih kolena od dugog klečanja pred raspećem. Veliki pesnik je napisao:

Video si čudne stvari,
Strašnu ruku smrti, duboku tugu,
Bezbrojne patnje,
I sve to što si video
jeste Bog.

Ti su stihovi prolazili kroz opatovu glavu. Nadao se u Božiju promisao. Ostali monasi, osim jednog starog isposnika, napustili su ukletu opatiju verujući da je opat lud i u dosluhu sa demonima. Opat je očekivao Božiji glas i jednoga dana čuo je taj glas. Dolazio je istovremeno sa svih strana i prodirao pravo do srca. Gospod je zahtevao od svog poniznog sluge i zemaljskog roba da pođe na put, pronađe i donese relikviju koja će osloboditi samostan od nečistih sila."

Na ovom mestu hodočasnik prekide priču jer su nas povici goniča mazgi upozoravali da je put raščišćen i karavan kreće dalje. Pođosmo oprezno opasnim planinskom stazom ukazujući jedni drugima na opasnosti koje su sada, nailaskom tame, mnogostruko uvećane. Uz mnogo napora, ali i sreće, stigosmo do vrha. Ugledasmo obrise samostana o čijoj smo sudbini ponešto saznali iz nedovršene pripovesti. Još uvek pod utiskom onoga što smo čuli osećali smo podjednako nelagodnost i olakšanje. Zapazih da se neki od hodočasnika krišom krste, drugi sebi u bradu mrmljaju molitve. Bilo kako bilo, uskoro se svi skupa nađosmo pred velikim drvenim vratima. Bila su dobro zamandaljena. Tek posle dugih i upornih udaraca zvekirom i nestrpljivih povika, na vratima se otvori prorez i u okviru toga proreza pojavi se par krupnih, buljavih očiju. Oči pažljivo odmeriše nezvane goste, a onda vlasnik tih očiju starac monah, po svemu sudeći onaj isti iz hodočasnikove priče, širom otvori vrata manastirskog konačišta.

X GLAVA

Približavanje Zveri. Moć amajlije.
Monahova ispovest.

Naišli smo na prizor unapred opisan. Zapušteni konak, prepun prljavštine i smrada od đubreta koje niko ne uklanja; sve u svemu turobno mesto ni u čemu primamljivo. Ali svi bez izuzetka behu toliko zamoreni dugim i neugodnim putovanjem da su i sam krov nad glavom dočekali kao istinski blagoslov. Životinje behu privezane za direke u prostranom dvorištu. I dalje su pokazivale veliku uznemirenost iako su istimarene a potom dobile i svoj obrok. Smestismo se ko uza zid, ko na podu, poželevši jedni drugima laku noć. Neosetno, utonuh u san. Probudi me neugodno osećanje da sam izgubio tlo pod nogama. Otvorio sam oči i otkrio da lebdim iznad zemlje. Okolo se čulo gunđanje ljudi u polusnu, uznemirenih na isti način kao i ja. Neka nečista sila poigravala se sa nama. U jednom trenutku dejstvo tajanstvene sile prestade, padoh na pod, zadobivši pritom bolan udarac u pleća. Glasni, zbunjeni uzvici potvrđivali su da i drugi prolaze slično iskušenje. Uporedo sa ovim čuli su se udaljeni ali uporni udarci po ulaznim vratima, koraci po tavanici iznad naših glava, lupa po prozorskim okvirima i sve jača tutnjava negde ispod nas, ispod poda. Svi smo se već probudili, zaplašeni neobičnim pojavama, gledajući bespomoćno jedni u druge u očekivanju susreta sa nezvanim noćnim gostom u obličju neljudske, nesputane zveri. Čitava opatija od temelja pa do krova tresla se uz potmulu grmljavinu. Na vratima spavaonice pojavi se unezvereni stari monah noseći u drhtavim rukama baklju čiji je plamen lelujao od vetra što je dopirao kroz mnoge šupljine ove trošne kuće. „Noćas dolazi sam Lucifer!" povika ovaj nesretnik. „Neko među vama dozvao ga je svojim prisustvom!"

Nema većeg užasa od onog izazvamog silom kojoj se čovek ne može suprotstaviti nožem, mačetom ili golim rukama. Mnogi u ovoj prostoriji prošli su kroz nebrojena iskušenja, gledali smrti u oči, prezirali svakovrsne opasnosti tako česte na dugim i neizvesnim putovanjima. Ali sada, mogao sam se u to zakleti, podlegli su strahu jačem od svake razumne misli. Taj strah ispunio je naše sklonište, svaki njegov kutak. Iznenada, dogodi se nešto sasvim neočekivano. Dominik, koji je jedini zadržao mir i prisebnost ustade, razgrnu kabanicu i izvuče ispod košulje predmet od drveta izrezbaren u obliku srca. Stao je na sredinu odmorišta i podigao čudan talisman uvis, sa obe ruke. Okretao ga je na sve strane. Prema tavanici i prema podzemlju, prema stranama sveta. Sa naporom se održavao na nogama od silnog, sve besomučnijeg ljuljanja čitave kuće. Mi ostali hvatali smo se za poprečne grede, izbočine u zidu, pokušavajući da se odupremo sili što nas je muvala tamo-amo, od zida do zida, kao što divlja oluja na moru nemilosrdno baca po palubi broda putnike i mornare.

Onako kako je počela, bez najave i razumnog objašnjenja, čitava halabuka, cimanje i trešnja, naglo prestade. Očevidno, hodočasnik je prizvao sile snažnije i moćnije od onih što su nam ugrozile ne samo noćni odmor nego možda i sam život. Potonji događaji potvrdiše ovo uverenje. Naime, stari monah, veoma uzbuđen, ispusti buktinju na pod i uz glasne jecaje pade na kolena ljubeći stopala našem spasiocu. Hodočasnik blago dodirnu njegova drhtava ramena. Razabrali smo starčeve reči, pratile su ih obilate suze: „Oče, neka je blagosloven čas kada si se vratio!"

Ispostavilo se da su zapravo pripovedač i glavna ličnost njegove priče jedna te ista ličnost, Dominik i opat, hodočasnik i starešina ovoga samostana. Posle straha koji smo pretrpeli ovo saznanje izazva opštu razdraganost. Ljudi zaboraviše na san, oraspoložiše se i kao uvek u ovakvim prilikama stvori se odnekud vrč sa vinom koji pođe u krug. Sa svih strana opatu su stizala pitanja o njegovoj moćnoj relikviji i načinu kako je do nje dospeo. Opatovo do tada mirno lice sada je pokazivalo vidne znake uzbuđenja zbog povratka u samostan i uspešnog suprotstavljanja demonima. On podiže relikviju kako bi je svi bolje videli i zamoli monaha da bliže prinese buktinju.

„Ovo je talisman Device Marije. Načinjen je u obliku srca u kojem je krst svetog Antonija iz Padove sa natpisom *Alfa, Omega*. Na levoj strani hebrejskim slovima ispisano je ime Makabejaca M. K. B. I. a sa desne veliko ime YHWH. A ovde dole: *Christi, libera nos, ab omni peccato, a fulgure, et tempestate, et a morte perpetua*. U 'Knjizi čudesa Device Marije' opisani su mnogi događaji u kojima naša Gospa spasava duše iz Sataninog zagrljaja. U potrazi za svetom relikvijom obišao sam različite zemlje i proveo na putu više godina. Tražio sam oprost za sebe, jer sam svojom neopreznošću odškrinuo dveri đavolu i nesvesno se podao jednom od najvećih grehova – čarobnjaštvu, ali glavna svrha hodočašća ipak beše očišćenje samostana od nečistih sila. Svašta sam video i doživeo: nema nikakve sumnje da je na svetu neuporedivo više ludosti nego pameti, idolopoklonstva od odanosti jednome Bogu. U svakome narodu preovlađuju budale i glupaci, razvratnici i ubice. Većina relikvija potiče od đavola i u njima je moć demona. Znate li, braćo i prijatelji, da je jedan broj proštеništa podignut na mestima gde su se dogodili pokolji starozavetnih Hebreja. Na tim okrutnim i sramotnim mestima svečano su se nosile hostije na velikim procesijama. Hostije su krvarile, ne zato što se događalo čudo, nego od užasa izvršenih zločina. A narod se veselio, pevalo se, igralo, odavalo bludu, a lažni sveštenici prodavali su lažne relikvije vernicima bez razuma, đavoljim slugama. Mnogo je takvih mesta za koja se govori da su pobožna i isceliteljska a u stvari su prokleta, gde vlada najcrnji greh u odeći sablazni, gde se krade i ubija, a sve u ime pobožnosti i smernosti. Uz sebe sam nepestano nosio mešinu napunjenu vodom iz Jordana, najboljom zaštitom protiv veštica, čarobnjaka i bogohulnih dela. Postoji 'riznica zasluga', kako veli Albertus Magnus. Hristos i njegovi sledbenici, apostoli, mučenici i sveci, živi i mrtvi okajali su sopstvene grehe, ali njihove zasluge su neograničene i pretočene u Božiju milost koju čitavo čovečanstvo, pa i ono posle nas ne može istrošiti. Pravi oprosti i stvarne moći indulgencija dolaze iz te riznice. Ovaj medaljon donosim iz Jerusalima, iz srca Palestine; obeležen je krvlju mučenika!"

Saslušasmo pažljivo i sa uzbuđenjem ove reči. Stari monah prihvati Gospinu relikviju i prinese je usnama. Celivajući talisman Device Marije ovako progovori: „Prošao sam kroz najteža iskušenja na koja Nečastivi stavlja ljudsku dušu pokušavajući da je pridobije za svoje Carstvo tame. Glavni pokretač takvog delovanja jeste zloba, način – obmana, a sredstvo ubeđivanja stalno prerušavanje. Zaista, suština ove obmanjivačke moći krije se u nepresušnoj sposobnosti prerušavanja. Vlasnik je hiljadu lica i oblika koji proističu iz jednog jedinog. Živeći dugo u osami razmišljao sam upravo o toj posebnoj vrsti moći i njenom opasnom dejstvu iako je proizvod opsene. Njegov pravi lik se najčešće opisuje kao rogato čudovište, dlakavi crni jarac ili anđeo sa krilima slepoga miša. Jedne noći prikazao mi se u liku prelepe žene. Prišla je mojoj postelji otkrivajući bujne grudi. Njeno zanosno lice smešilo se devičanskim osmehom, dok su odasvud izvirali đavolčići, skačući naokolo poput odvratnih daždevnjaka. Žena se potom pretvori u kostur, a kostur u vojnika sa svinjskom glavom. Taj je vitlao nekom grdnom sabljom čiji je fijuk bio stvaran, a oštrica ubojita. Sakrio sam se pod krevet gde sam proveo ostatak noći do jutra, smrtno prestravljen. Slušajući paklenu ciku i vrisku, to oholjenje i razmetanje svojstveno bićima pakla, osećao sam se sasvim napušten od Gospoda. Najveća moć zasniva se na strahu. Kad je od Boga, *mysterium tremendum* i *mysterium vilicosos,* čini nas boljim. Izražava stvarnost ništavila ljudskog stvora prema beskonačnosti božijeg dela. Ali Satanino prefrigano delovanje pokušava da uništi svaku misao, da uništi u nama ljudsko biće, a probudi usnulu životinju. Neka je vragova čarolija samo proizvod iluzija, vradžbina i opsena, ipak ona dovodi pod sumnju našu ljubav prema Bogu i veru u bilo kakav smisao postojanja!

Teško je preteško bilo živeti sam, u ovoj ogromnoj kućerini nekada božijem domu, a sada đavolovom staništu. Nisam imao drugog društva osim tog paklenog nakota. Zašto sam udaljen od Gospoda i stavljen na ovo iskušenje? Nije bilo odgovora. Ako je Gospod napustio mene, nisam ja njega. Ali, čuvajući veru, počeo sam da gubim razum. Nedostojno je reći – zavlačio sam se u manastirski podrum gde sam provodio vreme među vinskim bačvama, napijajući se do besvesti. Bežao sam od sveta kojem više nisam pripadao. Povremeno su pred manastirska vrata stizali putnici-namernici. Moje nepoverenje bilo je zaista veliko, bezumno. U svakom došljaku video sam đavoljeg izaslanika. Ali uobrazilja katkad naslućuje i stvarne opasnosti. Što očevidnije postaje prisustvo Gospodara Pakla, postaje očevidniji i zastrašujući paradoks: on je najprisutniji kada se zaboravi na njegovo prisustvo. Nevidljiv je, zna da se pritaji - to su njegove važne osobine. Razmislite dobro i odgovorite, šta je zapravo nevidljivost? To je skrivanje svoga pravog obličja. Nevidljivost je istovremeno postojanje na više mesta, nestajanje u višestrukosti, sposobnost preobražavanja; razaranje i rastvaranje: postojeće prelazi u nepostojeće, pojedinačno se utapa u mnoštvu. Oprostite na ovakvom podučavanju koje naliči na isprazno brbljanje. Ja sam, međutim, odistinski bio suočen sa borbom za sopstveno opstajanje. Nasuprot stajaše osvedočeno suštastveno zlo, skriveno u ljušturi nestalnosti i promenljivosti. To je bio bedan i sramotan život u svakodnevnom poniživanju i sramoti. Jednoga dana morao sam bežati po opatiji od predmeta koji su se ustremili prema meni: stolovi, stolice, posuđe u kuhinji, mlinski kamen; bežao sam i skrivao se, ne uspevajući da se sklonim. Te stvari bez duše, svesti i osećanja sopstvenog postojanja vođene vražjom rukom gonile su me do besvesti. Telo mi je prepuno modrica i ožiljaka od tog besomučnog divljanja. Tragove nasilja nosim i na licu, po rukama, evo pogledajte! 'Stvari su tumači božiji', rečeno je. Dodajem tome: i moćno oruđe u službi Satane! Kako sam onda mogao bilo kome verovati? Nailazili su putnici plemenitog roda, ali pokazalo se, ne jednom, da su to prerušeni izaslanici Lucifera. Da sam se povinovao Nečastivom bio bih oslobođen svih tegoba; provodio bih vreme u prividnom blaženstvu. No, bio bi to samo brlog opscenosti. Jednom prodana duša, teško se ikad iskupljuje! Evo, ovde, na ovom mestu gde sada stojim stajao sam i onda kada mi je trgovac iz Balbeka ponudio ugovorni pergament spominjući svoga gazdu po imenu *Diabolos*. Nekom drugom prilikom naišli su trgovci iz Indije i njihov starešina, maharadža, ličnost kraljevskog ranga. Predložio je da odigramo kockarsku igru: on je ulagao prekrasan dragulj koji je svome vlasniku davao moć čarobnjaka. A moj ulog trebalo je da bude opatija i sve što se u njoj nalazi! Na takvu ponudu odgovorih nizom kletvi kao sveti Antun kada je popljuvao kockanje, karte, kocke i novac razbacao, a igrače rasterao." Pokaza se da je sve to bilo iskušenje vladara podzemlja. Na bačenu anatemu, pratioci maharadžini pretvoriše se u gomilu miševa, maharadža u pacova, a kocke razbacane po stolu gmižući utekoše u rupe na podu.

Najopasnije u svemu tome, u poniževanju duhovnom i fizičkom nije bilo trpljenje, niti bol već, napotiv, neko bolesno zadovoljstvo, zadovoljstvo u stradanju i poigravanju sa demonima. To je, pretpostavljam ona vrsta sladostrašća kakvu mogu osećati bolesni, neizlečivi razvratnici. Ljudska priroda, sazdana sve na samim suprotnostima, ponekad zlo od koga se ne može odbraniti preobražava u izvor posebnih zadovoljstava. Naravno, čim mi se glava malo razbistrila shvatio sam pred kakvim sam se ponorom našao; zaključao sam vrata podruma sa pićem a ključ bacio najdalje što sam mogao, na dno provalije čije ste ponorne ambise naslutili ako već niste sagledali. Zatim sam se priljžno, kao nikada do tada, odao molitvi, tražeći spas u najdubljoj odanosti svemogućem Tvorcu koji neprestano iskušava snagu vere i odanosti svojih ništavnih stvorova.

Jedne noći tamu moje isposničke ćelije obasja zrak svetla i u tom svetlu pojavi se čovek velike lepote, u odeći ukrašenoj zlatnim nakitom i dijamantima. Na glavi je nosio krunu optočenu blistavim draguljima. Dodirnu me po ramenu i reče: 'Ja sam gospodar tvoj, Isus Hrist!' Padoh ničice na pod, ljubeći mu stopala. On me pridiže i pozva da pođem sa njim. 'Đavo te je dugo iskušavao, nije mogao da ti otkupi dušu. Ali meni je daješ dragovoljno, je li tako?' Usta su mi ostala nema od strahopoštovanja pred Božijim sinom, a on verujući da u mome srcu još ima sumnje, nastavi: 'Pođi sa mnom kako bih te uverio da sam onaj za koga se predstavljam.' Izašli smo iz manastira i krenuli putem koji vodi ka obližnjem planinskom jezeru. Jutro beše neuobičajeno svetlo i prozračno bez tragova magle i oblaka koji na ovim visinama često opasuju planinske vrhunce. Bogami, sve mi se činilo nekako nestvarno, kao da sanjam. Ali, posle svega što se dogodilo, čega sam još imao da se plašim? Prišli smo do obale samoga jezera. Jezerske vode su čiste, ali zastrašujuće neprozirne i tamne, neizmerenih dubina u kojima, po pričama, obitavaju moćne sile.

Moj vodič mahnu rukom i u isti čas površina jezera obasja se svetlošću koja je dolazila iz dubina. Nagoh se da otkrijem izvor svetlosti i ispod površine vode ugledah kupolu velike crkve kako zajedno sa čitavim zdanjem izranja iz jezerskih voda. A odraz te građevine odslikavao se na jutarnjem nebu u svoj velelepnosti i sjaju. Istovremeno, začu se pojanje, ne znam odakle je dolazilo, da li iz visina, ili iz dubina. Nisam razumeo ni jednu jedinu reč toga hora. Ali sam na neki neobjašnjivi način osećao da bih sišao sa uma kada bih shvatio značenje nepoznatih reči. Razumeti, katkad, isto je što i poludeti. U potpunoj pometnji duha gledao sam kako se uz zvonjavu mnogih zvona pomalja crkva očaravajućih belih, čistih površina, nestvarna u blistavosti i lepoti. Lebdela je iznad same površine jezera. Poklonih se sa divljenjem tvorcu tako čudesne građevine. Zaboravio sam na reči iz *Otkrivenja Jovanovog:* 'I videh zver kako izlazi iz mora, koja je imala deset rogova i sedam glava, a na njenim rogovima deset kruna i na njenim glavama bogohulna imena.' Ubrzo nas okružiše dražesna anđeoska bića, raspoložena za igru i pesmu. Gledajući ta divna bića što su neskriveno pokazivala svoje čari, nisam osećao poniznost i skrušenost već buđenje pohote i strasti. Padoh na kolena prizivajući Gospoda sa molbom da me oslobodi niskih i grešnih misli, ili uništi munjom i gromom, zanavek satre. Pri pomenu Božijeg imena podiže se na jezeru oluja, zatrese se crkva što je izronila iz vode, a njeni beli zidovi od mermera pretvoriše se u obično blato, mulj i jezersku travu. Sve se raspade. Anđeoske prilike dobiše svoje pravo obličje šepavih, razrokih veštica. Kreštale su kao jato vrana. A on koji se predstavljao za Sina Božijeg preobrati se u majmunski lik, a onda iščeze u oblaku dima, ostavljajući za sobom samo smrdljivi zadah.

Iz sopstvenih stradanja naučio sam da je moć đavoljih obmana neograničena: to je sila koja svoju snagu dobija iz ljudske slabosti i lakovernosti. I vaš nočašnji povratak, oče, cenio bih samo kao još jedno iskušenje na koje stavlja moju izmučenu dušu da me relikvija presvetle Device Marije nije uverila kako je samostan konačno pod neprikosnovenom zaštitom. Ovo je najsretniji dan u mome dugom životu i novo rođenje!" Starome monahu potekoše suze niz izborano lice, a mi ostali nismo mogli da sakrijemo uzbuđenje diveći se čestitosti i odanosti toga starca koji je uprkos svim iskušenjima ostao veran opatiji, opatu i samome Gospodu. Vođa karavana podiže ruke da bi smirio opšti žagor. Njegov inače strogi, zapovednički glas zvučao je rezignirano i melanholično, glas onoga koji zaista zna šta je prava patnja. „Oče, vi ste vodili veliku borbu u ime vere i nema sumnje da je svemogući Tvorac bio na vašoj strani; zadovoljenje će doći kada se na poslednjem sudu odvoje grešni od pravednih, hrabri od kukavica. Ali šta da kaže onaj koji je stradao samo zato što je bio uvučen u zamke ljubavi, obične zemaljske ljubavi prema jednoj ženi. Kakvu utehu može tražiti, i od koga, onaj kome su, zato što je iskreno voleo, uništeni prošlost i budućnost, a u dušu zanavek usađena ravnodušnost prema svetu, očajanje usamljenika i beskućnika?" Ove neobične reči malo su pristajale našem do tada ćutljivom i odlučnom predvodniku. No, probudiše stvarnu znatiželju svih prisutnih.

XI GLAVA

*Prosjaci i razbojnici. Zlo u čoveku. Zatočenik ljubavi.
U ciganskom taboru. Bijav. Smrt Mladoga Meseca.
Putovanje na leđima Nebeske ptice. Bekstvo.*

Odazivajući se molbama i zahtevima da iznese dokaze koji će dati verodostojnost izgovorenim rečima, vođa karavana se ovako obrati časnom skupu u manastirskom svratištu: „Ne pamtim svoje detinjstvo po dobru. Moj otac, ugledni mlinar nesretno je stradao u jednoj tuči zbog nenaplaćenog duga. Moja majka, ostavši sa tucetom dece na vratu, batalila je svaku brigu o nama i budući slaboga karaktera, a sita siromaškog života, pridružila se onim namigušama, bludnicama i nazovi zavodnicama što se smucaju po vašarima i seoskim pijacama. Bio sam najmlađi od desetoro braće i sestara. Ne sećam se da sam dobio makar trunku onoga što se naziva materinska ljubav. Viđao sam je samo pijanu i u lošem društvu. Uvek zlovoljna, tukla nas je preko svake mere, a bez povoda. Odgajili su me moji braća i sestre, ali čim sam dospeo do uzrasta kada sam mogao brinuti o sebi nije bilo druge nego otisnuti se u beli svet i potražiti neki posao od kojeg se može preživeti. Ubrzo me pod svoje uze klan skitnica, ljudi sposobnih ali bezobzirnih. Naučio sam prosjački zanat u kojem sam, bez preterane hvale, zahvaljujući urođenoj snalažljivosti i okretnosti, imao značajnog uspeha. Uočivši da je prosjačenje unosnije kad se spoji sa razbojništvom napustio sam svoje poslodavce i pridružio se onima koje u Francuskoj nazivaju *ecorcheurs* i *routiers,* a u Italiji *condottieri.* Za ovu vrstu ljudi sam papa je jednom rekao da su 'neobuzdani u svakoj vrsti okrutnosti.' U našoj družini bilo je i sveštenika i vitezova, onih što su društveni vrh zamenili društvenim dnom, a još više bednika i sirotana čiji je jedini san bio da postanu bogati i slavni. 'Kad bi i Bog bio vojnik, bio bi pljačkaš,' zapamtio sam tu rečenicu. U naše doba običan čovek samo preko grabeža, bezakonja i nasilja postaje neko i nešto. Iako sam se družio sa zlikovcima, delio sa njima hleb, postelju i plen, nisam delio i njihove nazore. Često sam se pitao zašto Bog dopušta zlo i bedu, zašto ne okrene mač u rukama napasnika protiv njih samih. Jedan raspop iz naše družine govorio je da Bog duguje Đavolu svrhu postojanja. Prema svetom Avgustinu, svi su ljudi pod vlašću Đavola zbog istočnog greha; spasenje dolazi sa Sudnjim danom. Ali, neću o Đavolu i njegovom nauku; o tome smo već dosta slušali.

Reći ću vam jednu stvar, gospodo. Zlo ne postoji izvan čoveka. Zlo je u njemu. Imam pravo da to kažem upravo zbog svega što sam video i doživeo. Najokrutnije divlje zveri nisu u stanju da urade ono što može ljudski stvor. Moji razbojnički drugari poštovali su samo pravo jačega i lukavijega. Mnogi od njih predstavljali su čisto otelotvorenje zločinstva. Koliko puta su nedužne putnike posle pljačke iz čistog zadovoljstva izlagali najgroznijim poniženjima. Bez oklevanja odsecali bi žrtvi nos, uši, ili neki drugi deo samo da se pohvale strašnim trofejom. Poneki su više uživali u činu mučenja nego u plenu, koji istini za volju često nije bio bogzna šta. Iz kukavičluka svojstvenog pravim zlotvorima družina nije napadala naoružane plemiće, već uglavnom nadničare i seljake nevične vojničkim veštinama. Bes zbog mršave dobiti iskaljivan je na tim nesretnicima. Prostačka zabava sastojala se u tome da se dotičnom razdvoji glava od tela. Pokazujući na delu kako smo dostojni svoga prljavog banditskog zanata preporučili smo se na najbolji način jednom italijanskom grofu. On nas uposli kao najamnike u svojoj privatnoj vojsci, a tu smo brzo izašli na glas kao *perfidi e scelleratissimi*, što će reći *podmukli i najgrozniji*, ime koje nam je u potpunosti pristajalo a u družini je primljeno radosno i sa ushićenjem.

Pitate se s pravom, šta sam tražio u takvom nedostojnom i krvoločnom društvu, ako sam osećao odvratnost prema ovom načinu života, čak ga prezirao. Ali rođenjem i nesretnom sudbinom bio sam predodređen da svoje drugove tražim među otpadnicima društva. Kako nisam znao nikakav drugi zanat, a ovaj zanat priznat je i cenjen u lopovskim krugovima, živeo sam dugo u uverenju da su pravi ljudi na pravom mestu. A nedostojni poštovanja nisu oni nego ja jer sam kukavica i zakeralo. Valjalo je, dakle, ili se prilagoditi družini i u svemu postati njima sličan, ili dići ruku na sebe. Za mladoga i okretnoga čoveka kakav sam bio, ova misao pretvori se u pravu moru. Zaista, ima li išta prirodnije nego se rastati sa svetom koji nije tvoj, gde si potpuni tuđinac? Tada se dogodi ono zbog čega vam sve ovo pričam. Moj se život iz osnova promeni...

Pri jednom od naših pljačkaških pohoda naletesmo na skupinu Cigana, desetak ljudi na konjima i jedna kola. Njihov jedini greh sastojao se u tome što su nam se našli na putu i što veći deo družine beše zle volje jer toga dana nismo nikoga poharali, nismo zapalili nijednu kuću, niti prebili ili na smrt preplašili nijednog nesrećnika. Zaustavismo dakle ovu grupu skitnica, a kada oni, videvši sa kim imaju posla, započeše preklinjati da ih ostavimo na miru jer se od puke sirotinje niko nije ovajdio, naš vođa, jedan sirovi Gaskonjac, povika kako mi sasvim dobro prepoznajemo otpadnike od svete vere. Zar nije i sam papa Ciganima skitnicama zadao pokoru da sedam godina lutaju bez spavanja u postelji? Tada istupi njihov kralj, ili knez, kako li se već zvaše. Uveravao je da ne pripadaju tome soju skitnica, njihovo selo nije daleko. Nikome ne nanose štetu, žive od svoga rada, gatanja iz dlana i proricanja sudbine: cene svaku vlast, nebesku i zemaljsku. Gaskonjac povika kako je sve to obično džeparenje, *par art magique ou autrement* i da mi kao časni ljudi ne možemo dopustiti nekažnjen prolazak lopova i vagabunda. Na vođin mig moji drugovi razbojnici u dva skoka spopaše Cigane, baciše ih na zemlju, vezaše im ruke i noge, pa po ustaljenom redu navališe da ih biju bičevima od svinjske kože. Ovi jadnici su jaukali i molili za milost; uzalud. U taj čas oglasiše se ona dvojica što su po vođinom naređenju obavljali premetačinu ciganskih kola. Njihovi zadovoljni urlici javljali su o pronađenom plenu. Uskoro se pojaviše, vodeći između sebe mladu Ciganku, koja je uprkos očevidnoj opasnosti pokazivala više hrabrosti i pribranosti nego njeni muški sunarodnici i saplemenici. Cigankina lepota i oholo držanje kod svih izazvaše prikriveno divljenje, ali kako se ovaj šljam kojem sam pripadao, stideo svakog ljudskog osećanja, ubrzo se sve orilo od zluradih povika koji ovom sirotom, nesretnom stvorenju nisu nagoveštavali ništa dobro.

Privezaše je uz drvo. Privremeno su ostavili na miru do krvi išibane Cigane; sada je valjalo zadovoljiti pohotu, najbrutalnije oskrnaviti lepotu što je san svakoga lupeža. Pošto lepota duboko u sebi nosi pečat nevinosti, svako nasilje nad lepotom obračun je sa Bogom. Stoga su ovi ništaci pripomoć za svoja gnusna dela tražili u pijanstvu koje im je do kraja oduzimalo ono malo razuma. Beslovesan čovek predaje se bez ostatka svakom zlu. Uvek nam pri ruci beše povelika mešina žestoke jabukovače nazvane pokajnica jer je davala oprost od svih mogućih grehova. Što je mešina postajala praznija njihova drskost je bivala veća, namere očitije. Nesretnica je slutila svoju sudbinu, ali je uzalud pogledom preklinjala za pomoć. Njeni rođaci behu na smrt pretučeni i u žalosnom stanju. No, u jednom ludo hrabrom naletu pokušaše da učine nemoguće. Banditi, međutim, napad dečekaše spremni, u pijanstvu dvostruko okretniji i maču vičniji nego trezni. Oštrice svoga oružja sjuriše u tela jadnika. Uskoro su beživotna telesa Cigana natapala krvlju poljanu na kojoj se dogodio masakr.

Stajao sam po strani, ne prvi put svedok razularenosti ovih izroda. Nisam učestvovao u njihovim pijankama, niti sam svoje oružje koristio radi sopstvenog nastranog uživanja. Za razliku od njih oduvek sam osećao strah od Boga. To mi je, očevidno, bilo usađeno samim rođenjem.

Nikako drugačije ne umem da objasnim saosećanje sa žrtvama i gađenje nad zločinom. Verujem da sam Božijom voljom bio izabran za spasenje, kao što su njima suđene muke u paklenom ognju. Mora da je lepa Ciganka zapazila da ne odobravam surove postupke razbojnika. Njene krupne tamne oči iz kojih su lile očajničke suze sada su se molećivo okretale prema meni. Ona, sirotica, nije znala kakva se borba vodi u mojoj duši. Ma šta mislio o ovim prokletnicima bili su moji drugovi, druga porodica. Nisam govorio nijedan jezik osim lopovskog. Ako sam sa njima bio obična lopovska bagra, bez njih sam bio niko i ništa. Svaka izdaja je nečasna radnja, pa i onda kada su namere časne. A sa druge strane, kako mirno gledati, a time i saučestvovati, u pripremi još jednog nasilja, ogavnijeg od svih drugih – nad bespomoćnom devojkom. Neću kriti da mi je zastajao dah pred njenom lepotom.

Isprva sam stidljivo izbegavao poglede nesretne Ciganke. U to vreme još nisam znao šta je ljubav. Svuda gde sam se kretao nailazio sam jedino na grubosti. Bio sam propalica i prostak kao i oni sa kojima sam se družio. Nisam video bogzna kakvu razliku između sparivanja kod ljudi i žena i načina na koji to obavljaju životinje. Onako mlad, neiskusan i čedan (iako sam pripadao razbojničkom jatu) čudom sam se čudio zašto momci iz družine najahuju ludače i ispičuture po kojekakvim jazbinama i krčmama. Shvatio sam to kao posebnu vrstu mučenja jer su one sirotice glasno kukale, stenjale, vrištale, mada me je zbunjivala nežnost što su kasnije pokazivale prema svojim tlačiteljima.

Oči lepe Ciganke ispuniše mi dušu uzvišenim osećanjem kakvo do tada nisam poznavao. Po svojoj draženosti i nežnosti bila je dostojna anđela. Samo neotesani buzdovani i balvani lišeni stvarnih ljudskih osećanja nisu imali milosti pred nečim tako uzvišenim i dostojnim poštovanja. Ne stidim se priznanja da sam upravo tada pored ljubavi prema ovoj ženi prvi put naslutio i ljubav prema Bogu. Ta dva prolaza otvorila su se istovremeno u mojoj duši. Ukratko, postao sam zarobljenik one koja sama beše zarobljena. Moja dotadašnja ravnodušnost pretvori se u odlučnost. Zamrle osobine moga karaktera koji nije imao prilike da se iskaže i razvije, pravdoljubivost, odanost, milosrđe, odjednom me sveg ispuniše a pojača se gnušanje prema pijanoj razbojničkoj rulji. Ako su mi došli pamet i hrabrost, ipak nisam izgubio razum. Dolivao sam piće drugovima, pretvarajući se da sam u svemu na njihovoj strani. A u stvari pripremao sam se za poduhvat prepun neizvesnoti i mnogih opasnosti.

Razbojnici se uskoro izvališe kao trupci pored pobijenih Cigana. Ti lupeži nisu imali poštovanja prema mrtvima kao što ih nisu imali ni prema živima. Znajući da nikada ne učestvujem u njihovim terevenkama poveriše mi čuvanje straže. Tako je Cigankina užasna sudbina odložena za čas njihovog mamurluka: onda podnaduli pijanci postaju gori od svake zveri. Ja sam priželjkivao ovu njihovu klonulost, dobro sam poznavao karakter tih dripaca. Kada sam se uverio da je žestoko piće ovladalo družinom, prišao sam lepoj robinji, jednim pokretom noža isekao sve veze koje su je delile od slobode i obuzet vatrom koja me je celog iznutra sagorevala jedva sastavljajući reči objavih kako je slobodna da ide kuda hoće. Drhtala je od straha. Pozva me da pođem sa njom jer među poštenim ljudima mogu iskupiti svoje razbojničke grehe. Ona će i pred Bogom i pred ljudima svedočiti u moju korist. Bio je to razuman predlog. Došlo je vreme da prekinem sa svojim dotadašnjim životom. Iskradosmo se do konja. Poželeo sam da bandite više nikada ne sretnem, ni u dobru, ni u zlu. Na brzinu osedlasmo dva vranca i u galopu napustismo banditski logor.

Jahali smo čitav dan bez odmora, a predveče stigosmo do ciganskog naselja odakle je Ciganka sa svojim rođacima krenula na ovaj nesretan put. Na vest o strašnom događaju nastade opšta kuknjava. Iz trošnih kuća i slamnatih koliba pojavljivali su se njeni saplemenici ophrvani žalošću. Moju Ciganku su nazivali *Nevo Čon*, što na ciganskom znači Mladi Mesec. Uskoro se pojavi i njen otac, kovač, a to je u ovom narodu visoko cenjeno i poštovano zanimanje. Kada ču za strašnu pogibiju rođaka stade da leleče, ali njegovi jecaji tuge mešali su se sa suzama radosnicama što je ćerka jedinica spasla glavu i čast. Veličali su moje delo kao herojsko. Primiše me i pogostiše kao najrođenijeg.

Neću vam pripovedati o svim pojedinostima moga boravka među ovim plemenitim ljudima. Ubrzo sam shvatio da sam ovde našao ono što nikada nisam imao, a nisam ni verovao da ću ikada pronaći: toplinu porodičnog doma. Ti ljudi su mi po mnogo čemu bili slični, rođeni za skitnju, dečije duše i punog srca. U davna vremena došli su iz svoje prapostojbine Indije, i prelazeći preko Persije i Jermenije naselili naš svet. Oni nemaju svoje države. Malo se zadržavaju na jednom mestu, a mnogo putuju. To je u celini narod veseo i bezbrižan. Zadovoljni su sa malo hrane, onim što uzimaju iz prirode, pečurkama, koprivom, zeljem, onim što isprose ili ukradu. U njihovom lutalačkom načinu života krađa hrane nije nečasno delo. Uveče se okupljaju oko vatre, pevaju, igraju, pričaju priče. Na ciganskom priču nazivaju *paramisi* ili *paraminči*. Govore ih samo na svome jeziku. To se poštuje kao zakon plemena. *Nevo Čon* objasni da pripovedanje, kao i mnoge druge stvari u njihovom životu, ima magijsko značenje. Kada sam zamolio da mi kažu sadržaj jedne, gledali su me sa strahom i nepoverenjem; nisu me dovoljno poznavali da bi me pustili u tajni svet svoga pripovedanja. Duša Cigana je duša deteta opijena radostima života ali i opsednuta neopisivim strahom od nepoznatih opasnosti tog istog života.

Otkrio sam da postoji jedan sasvim različit život od onoga što sam do tada vodio i ljudi različiti od onih koje sam sretao. Od neotesanog i priprostog derana postao sam marljivi i odani član ciganskog plemena i podanik njihovog kraljevstva. Taj skitalački narod ima svoga kralja koga biraju razna plemena, iako se granice kraljevstva nikada ne mogu odrediti, jer su nestalne kao i njihov nagon za lutanjem. Pokazali su razumevanje prema želji da postanem pripadnik ciganskog naroda. Ciganski kralj predloži da se pobratimim sa njegovim sinom, snažnim momkom mojih godina. Sa istinskom zahvalnošću i uzbuđenjem prihvatih ovu počast. Pobratimstvo se među ovim ljudima računa za veliko srodstvo. Ako pobratimi nisu na ovome svetu rođena braća, na onome moraju biti, kažu Cigani.

Na taj svečani dan okupismo se u kući moga novog poočima i sečivom noža istisnusmo jedan drugome nekoliko kapi krvi. Izmešasmo krv, a onda se izljubih sa pobratimovom porodicom. Po starom običaju obasuše me različitim darovima, a ja uzvratih sa nekoliko zlatnika. Nisam tada pomišljao da taj oteti novac može biti uklet i uzrok potonjim nesrećama. Možda je bio, a možda i nije – sveti Bog zna! Seli smo za sto u hladovini velikog razgranatog hrasta. Pili, jeli i veselili se slaveći moje novo rođenje. Postao sam drugi čovek. Dobio sam oca i brata, prvi put osetio pravu ljubav. Mladi Mesec, moja dragana neprestano je bila kraj mene. Ulaskom u pleme, mogao sam sa jednakim pravom kao i svaki drugi Ciganin zaprositi njenu ruku. Brzo prelazim preko mnogih doživljaja koji mi se danas čine kao daleki san. Devojka se kod Cigana prosi na neobičan način. To je kao ugovaranje posla, kao pogađanje pri kupovini konja. Izvadio sam kesu novca i pola u šali, pola u zbilji počesmo da se cenjkamo. Bio sam spreman da dam sav novac u kesi, a i mnogo više od toga, ali moj me poočim savetova na uzdržanost, govoreći, uz smeh, kako ljubav od štedljivog čoveka čini rasipnika i da nema žene na ovome svetu za koju vredi dati deset zlatnika.

– Prošlo je više od četrdeset dana kako sam se nalazio među Ciganima. Dogovorismo se da *bijav,* kako se kod njih naziva svadba, napravimo što pre. Određenog dana, poštujući običaje, devojku dovedoše kolima njena braća. Tu se igralo i pevalo do mraka, a onda nas ostaviše same. Svadba traje dva dana. Prvi dan i noć je, kako kažu, proveravanje poštenja mlade, a drugoga se obavlja obred venčanja. Pošto su se gosti razišli kućama, sedoh za sto sa mojom lepom izabranicom. Uz svetlost lojanih sveća pojedosmo glavu jagnjeta zaklanog za svadbu. Kada su sveće zagasle uvukosmo se u krevet oboje nevešti ljubavnim veštinama, ali vođeni instinktima mladosti brzo smo našli put do ljubavnih uživanja. Poštujući zakone predaka Mladi Mesec svuče krvavu košulju i ostavi pred vratima taj dokaz izgubljene nevinosti.

Usnuh u zagrljaju one koja će mi na sutrašnji dan pred Bogom i ljudima postati zakonita žena. Imao sam ružne, nemirne snove. Tek pred zoru, anđeo jutra oslobodi me opčinjenosti i mamurluka. Vrelo i podatno telo moje Ciganke beše hladno poput gorskog kamena. Na uzglavlju ležala je lasica sišući krv iz beloga i nežnoga vrata Mladoga Meseca.

Primetivši da sam se probudio krvoločna životinjica odvoji se od moje dragane i uspravi se na zadnje šape, ne pokazujući nimalo straha. Posmatrala me je sitnim, opakim očicama; u njenom pogledu bilo je više ljudskog nego životinjskog. Pokušah da probudim *Nevo Čon*, uzalud. U njoj ne beše ni daška života. Zaridao sam, a moji glasni jauci privukoše rodbinu i mnogo naroda. Ciganski kralj opomenu da se ne sme dirati lasica. Zlo naneto lasici, zlo je za čitavo pleme. Životinja koja ne pokazuje strah od ljudi nosi dušu jednog od rođaka postradalih od razbojnika i ostavljenih bez groba i neopojanih na ledini. Ako nesahranjenog preskoči neka životinja taj se pretvara u šta hoće i vraća se na ovaj svet kao *čohano* što na ciganskom znači vampir. Dok smo ovako razgovarali lasica obliza krvavu njušku, u nekoliko skokova dođe do prozora i izgubi se u jutarnjoj izmaglici. Od tog časa više nisam znao za sebe. Sve sam činio u bunilu. Na moje oči pala je koprena. Sve što se događalo bilo je u nekoj drugoj stvarnosti koju nisam priznavao za svoju. Ljudi su dolazili i odlazili. Žene su *Nevo Čon* prekrile mrtvačkim pokrovom. U nozdrve staviše kamfor, a iznad glave zapališe lojanu sveću. Proveo sam čitav dan obeznanjen. Predveče naiđe stari kovač. I sam u dubokom bolu i obliven suzama saopšti kako je veće ciganskih mudraca zaključilo da smo već izgovorenom zakletvom postali muž i žena i na ovome i na onome svetu. Zato su odlučili da obavimo dogovoreni ritualni obred. Samo sada će to biti „mrtvačka svadba".

Okupi se čitavo selo. Moj pobratim i njegovi drugovi zagrejaše vodu u velikom buretu. Okupah se u toj vodi. Zatim klekoh pred mladinim ocem, poljubih ga u obraz i ruku. Mrtvački svatovi se raziđoše, a ja sedoh za sto sa mladinim ocem i pobratimom. Razlomili smo pogaču i večerali u tišini. Posle dovršenog obeda oni suznih očiju pođoše kućama. Opet sam bio sam kraj samrtne postelje. Napolju, ispred prozora, po starom običaju, oglasi se svirka, ne znam koji sve instrumenti: violina, zurle, šarkija, bubanj, daire, ali tiho i tužno kako priliči ovakvoj svadbi. Nisam imao snage da legnem u postelju pored beživotnog tela već samo naslonih čelo na ivicu kreveta. Glasni jecaji, mimo volje, oteše mi se iz grudi. Stvarnost je bila gora od svake noćne more. Tada začuh *njen* glas, tih, jedva čujan, ispunjen očajanjem, glas koji je vapio za pomoć. Pokrih uši rukama pokušavajući tako da pobegnem od svoje bespomoćnosti i čudovišnih priviđenja rođenih, kako sam verovao, iz moga očaja.

Nisam bio sam u sobi. Jedna ruka dodirnu me po ramenu, jedan utešan glas prozbori nešto poput molitve i ja osetih iznenadno olakšanje kao da je ruka, kao da su te reči, imali jaku isceliteljsku moć. Okrenuh se i ugledah pokraj sebe staru Ciganku, jednu od onih što torbare po selima prodajući razne sitnice poput đinđuva, lanaca, ogrlica, svile, razmenjujući svoju robu za hranu, baveći se gatanjem i prosjačenjem. Starica reče: '*Mladi Mesec* sada prebiva u Zemlji senki. A dok ima senke postoji i ono što stvara senku; odraz je neraskidivo povezan sa svojim likom'.

Odmahnuh rukom, ophrvan bolom, otupeo na takve utehe. Starica nastavi: 'Došla sam na poziv ciganskog kralja. Znam put kojim se ide do Zemlje mrtvih, do onoga mesta gde su duše pokojnika. Potrebna je velika moć, posebna vrsta tajnog znanja i blagonaklonost skrivenih duhova zemlje, neba i prostranstava drugih svetova da se jedna duša oslobodi zatočeništva i vrati svome ovozemaljskome telu'.

U njenom držanju i njenim rečima bilo je smirenosti i samouverenosti, snage i moći žena-čarobnjaka, o kojima sam i u detinjstvu slušao različite priče. Pođosmo do kolibe u kojoj je moj tast, kovač, imao radionicu. Tu su oko vatre već sedeli starci, očevidno očekujući naš dolazak. Vatra se dizala prema tavanici iz rupe koju oni nazivaju *viganj*. Pored *vignja* nalazio se mali zid sa otvorom za dva kovačka meha. Dok jedan meh duva, drugi se puni vazduhom i tako naizmenično. Tu je bio i trupac od drveta sa utvrđenim nakovnjem. Mladi Ciganin lica bakarne boje od odsjaja vatre duvao je u meh, dok je kovač držao na vatri komad usijanog gvožđa. Kovač stavi gvožđe na nakovanj i poče da ga kuje. *Viganj* je za Cigane svetilište, a nakovanj jevanđelje. Zakletva, bajanje i magija izrečeni iznad nakovnja imaju strahovitu i neponištivu snagu. Ćumur za kovanje prave sami i na poseban način. Naročito odabrani članovi plemena odlaze u planinu, na mesta koja su označena kao sveta, tu iskopaju rupu i u nju stavljaju drva obeležena od vračeva. Ova drva zapale. Tako dobijaju ćumur koji stvara moćni plamen za kovanje relikvija. Čitava koliba i lica prisutnih povremeno su sijala crvenim sjajem od odbleska vatre, a povremeno tonuli u tamu, kada je plamen malaksavao. Snažni mehovi ponovo su ga raspirivali. U toj sablasnoj naizmeničnoj igri svetla i senke zapazih da pripadnici plemena i velike ciganske porodice sede u krug oko baldahina, pripremljenog za nevestu. Uneli su njeno beživotno telo. I u smrti je sačuvala lepotu, činilo se da je samo zaspala. Vetar čiji se dah jedva osećao poigravao se njenom rasutom kosom. Stara vračara obavi oko glave šarenu maramu. Na marami behu iscrtane čudne figure, ni životinjske ni ljudske, bića iz drugog sveta. Prišla je vatri. Dugim žaračem gasila je plamen i prevrtala zažareno ugljevlje. Klimala je glavom levo-desno, prevrtala očima mrmljajući nešto sebi u bradu. Rasu vedro vode po ugljevlju. Ono zapišta kao živo biće a pramenovi pare ispuniše kolibu. Vračara progovori dubokim, promuklim glasom: 'Videla sam dušu u njenom novom prebivalištu. Sada mogu da se spremam za put.'

Izgovorivši te reči, okrete se prema Zapadu i poče da priziva duha tmine da joj pomogne i postane vodič kako bi našla odbeglu dušu i vratila je u naš svet. Držala je neko vreme sklopljene oči, a onda odjednom zadrhta i poče da se trese. Lice joj se izobliči. Iz grla su izlazil životinjski krici. Urlici divljih zveri, blejanje, groktanje, rzanje, mukanje, pištanje. Podizala je i spuštala ruke oponašajući mahanje ptičijih krila. Moj tast, kovač, došapnu mi na uvo: 'Čarobnjaci znaju i govore tajni jezik duhova. A to je jezik čitave prirode!'

Otegnutim, jecavim glasom, na granici između očajničke žalopojke i skrušenog prizivanja, udarajući dva kamena jedan o drugi, starica se njihala napred-nazad dozivajući iz sveta duhova veliku nebesku pticu da je prenese u zemlju iza svih postojećih i vidljivih svetova.

> Dođi iz dubine nebesa, moćna ptico,
> Tvoja krila prekrivaju dve polovine sveta
> zemlju svetla i zemlju tame,
> Kandžama razbijaš svetove,
> A kljunom od gvožđa granice carstava.
> Ponesi me tamo gde se gnezde
> tvoja moćna deca – orlovi tišine.
> Dođi, dođi, dođi, strašna silo nebesa!

Kad okonča pesmu, njene oči se iznenada iskolačiše, a iz grudi i grla razleže ptičji krik. Iz dubine zemlje, ali istovremeno i iznad naših glava oglasi se potmula grmljavina, zavlada strašna hladnoća, preostala žar se ugasi, tako da je izbu osvetljavala samo bleda svetlost mladoga meseca što se probijala između pukotina ispucalih zemljanih zidova. Začusmo lepet velikih krila. Ogromna senka ispuni prostor u kojem smo se nalazili. Starica se uspravi, pruživši obe ruke ispred sebe. Njeno lice do pre nekoliko časaka u grču, dobilo je smiren izraz. Staričino telo bilo je sa nama ali njen duh putovao je dalekim prostranstvima. Niko se nije usudio da progovori, ili pomeri. Na krilima velike nebeske ptice tragala je kroz predele tajanstvenih svetova za odlutalom dušom. Staričine usne jedva primetno su se pomerale, čuli su se delovi nerazgovetnih rečenica, reči nejasnog značenja. Malo-pomalo njen govor postade smisleniji. Opisivala je predele kroz koje je prolazila. Letela je iznad sablasnih planinskih vrhunaca, obavijenih večitom maglom i tminom gde besne za ljudsko poimanje neshvatljive nepogode. Približavala se opasnoj Gvozdenoj planini. Iznenada, vračara koščatom veštičijom šakom, uhvati moju šaku i čvrsto je steže. Prsti mi zabrideše od bola. Nešto čudno, neobjašnjivo, osećaj kakav se ne može opisati, kakav do tada nisam doživeo, prostruja čitavim mojim telom. Prenosila je na mene onu unutrašnju moć kojom je bila ispunjena. Pozivala me da joj se pridružim na putovanju. Njene reči su uspele da me opčine, a dodir uvede u tamni tunel kroz koji prolaze duše na svom putu za drugi svet. Dva ukočena staričina oka lebdela su iznad mene u prostorima ledene jeze Zemlje mrtvih. A jedan glas, glas iz praznine, zapovedio je da ćutim i gledam, ako želim da se ikada vratim među žive.

Ne umem verno da opišem ono što sam video, jer su reči nemoćne pred slikama koje izmiču našem iskustvu. Sve je bilo dugačije nego u našem svetu. Bio je to neki obrnut svet, u raspadanju i stvaranju istovremeno, gde ništa nije postojano, nijedan oblik, nijedna pojava. Pustinje su se u trenu pretvarale u plamene zavese, a divlje planine u pomamne reke. Lavirinti u koje smo povremeno ulazili rastvarali su se tonući u bezdane ponore; pravi svet groznice i ludila. To je svet u kojem u ogromnim kotlinama, u plamenom paklu gore isušene ravnice, dok nebom paraju munje. U vrtoglavom putovanju na krilima ogromne ptice, spustismo se u podnožje velikih litica koje poput nepremostivog zida dodiruju ono što se može nazvati nebom Zemlje mrtvih. Okomite litice omeđuju vode tamnomodre boje, velike dubine i neverovatne prozirnosti na čijem se dnu naziru mnoge građevine ovog izokrenutog sveta. Na sredini se izdiže ostrvo, a do tog ostrva vodi most obasjan sa obe strane plamtećim buktinjama. To su zapravo povorke ljudi odsečenih glava na čijim su vratovima zapaljene baklje umesto glava.

Uz pomoć moćnih ali nevidljivih sila pređosmo ovaj most nepostojan kao i sve drugo u tom svetu: lelujao se, menjao oblik dok u jednom trenu ne postade uzan kao oštrica brijača, pa se pretvori u lestve što se uzdižu prema nebesima Hladne severne zemlje, prebivališta pokojnika.

Ali ono što mi se učini da je penjanje bilo je zapravo spuštanje: kao što je njihovo bivstvovanje suprotnost našem životu, a sama suština smrti suprotstavljena svemu što je život. Na drugoj obali, kad stupismo na meko tle ostrva, zapazih tragove ljudskog prisustva: otisci stopala u vlažnoj zemlji, staze utabane mnogim nogama. U blizini se čulo zavijanje pasa. Iz naseobine mrtvih podizao se dim. Ubrzo nas okružiše duše pokojnika, svako u svome ljudskom obličju; to behu pridošlice. Još se uvek nisu privikli na novo stanište. Dizali su galamu, kukali i bogoradili za pomoć. Nepregledna gomila kukavnih prosjaka, golih, bosih i bez nade. Na obroncima okolnih brežuljaka stajali su čuvari: spodobe u istovetnoj, jednoobraznoj crnoj odeći, sa crnim kapuljačama koje su potpuno sakrivale njihova lica, ako su ih uopšte imali.

Sledio sam čarobnicu kroz gomilu zarobljenih i uhvaćenih duša: hodali smo između redova crnih, jednoličnih koliba. Uđosmo u jednu od tih polumračnih izbi, novi dom Mladoga Meseca. Ugledah je u uglu toga tužnog skrovišta; i na onom svetu izdvajala se svojom lepotom. Krenusmo jedno ka drugom, uz besomučnu galamu mnogobrojnih mrtvaca. Kada je uzeh u zagrljaj zaboravih da nas razdvajaju svetovi. Izađosmo pred kolibu; sa svih strana prilazili su čuvari Kraljevstva zapada. Veštica koja nije nijednog časa ispuštala moju ruku izgovori nekoliko moćnih reči. Oko nas se stvori visoki plameni zid; čuvari ustuknuše. Iz visina se spuštala nebeska ptica.

Uhvatismo se za njena krila, starica, Mladi Mesec i ja. Plamen se pretvori u vihor, vihor u oluju i sila koja postoji u magičnim rečima čarolije nepoznatim i skrivenim putevima prenese nas iz jednoga sveta u drugi, iz sveta mrtvih u svet živih.

Tako se opet nađoh u izbi, među Ciganima; prstima jedne ruke stežući staričinu šaku, a drugom ruku Mladog Meseca. Njena ruka se pomeri, osetih slabašne otkucaje srca, a kapci koji su pokrivali njene lepe oči zadrhtaše kao dve male zaplašene životinje. Podigoše se i sneni pogled poče da luta od lica do lica, preko zidova obasjanih vatrom ponovo raspirenom pomoću velikih kovačkih mehova. Pređe rukom preko čela. Nagoh se nad njom. Oči joj još uvek behu mutne, bez nekadašnjeg sjaja. Blago mi se osmehnu. Neka koprena bačena je preko njenog lica. Prešla je rukom pokušavajući da je skine; uzalud. Ostala je da živi između dva sveta. Ovaj svet za nju je sada kao neki san nikada do kraja shvatljiv i jasan. Da, probudila se moja dragana; vraćena uz pomoć mađije ciganske veštice. Posle velike tuge, zavladala je velika radost. Ali, avaj, uskoro se pokaza naličje ovoga podviga; varljivost mađije i snaga drugog sveta: bila je kraj mene, odsutna duhom, više sen života nego sam život. Opčinjena, nije razlikovala dan od noći; moj Mladi Mesec postao je Crni Mesec kako nazivaju jednu izmišljenu tačku na nebu, pojam nedodirljivog, nedostižnog, najveće samoće i potpune praznine. A već sledećeg dana po našem povratku u sam suton opazio sam na livadi pokraj naše kuće one mračne spodobe, čuvare mrtvih. Stajali su tako na granici dana i noći, na granici dva sveta. Doneli su strah i strepnju u cigansku naseobinu; umesto radosti svuda je zavladao veliki strah, predskazanje novih velikih nesreća. Bilo mi je jasno da je došlo vreme da sa *Nevo Čon* moram krenuti na dugi put, put bez povratka u potrazi za drugim, izgubljenim delom njene duše i za spokojem bez kojeg čovek ne može živeti. A stare priče koje nisu samo priče nego staro, vredno znanje, kažu da se svaki otrov može pretvoriti u lek, da postoji jedno mesto gde se svetovi spajaju, a tu je sila dovoljno moćna da skine koprenu sa njenih očiju i njene duše". Vođa karavana zastade sa pripovedanjem. Zamišljeno pogleda svoga mladog pratioca koji je, kao i čitavo vreme puta bio ćutljiv, nekako postrani, bez one mladalačke živosti i nemira karakterističnih za njegove godine. Svi smo, verujem, u tome času osetili da u sebi nosi neku dobro čuvanu tajnu, neku svoju nesreću, uverenje pojačano nežnošću i pažnjom koje je naš vođa pokazivao prema svome mladome prijatelju. Iznenada, on povuče maramu sa mladićeve glave. Dugački uvojci crne kose rasuše se niz pleća ovog nežnog stvora i tajna bi razjašnjena: njegov verni, tihi i sneni pratilac beše ona prelepa Ciganka sa čijom smo se nesretnom sudbinom upravo upoznali.

Verujem da među prisutnima nije bilo osobe koja u tom času uz divljenje prema stvarnoj lepoti mlade žene nije osetila i jezu što ledi krv u žilama. Nepotpuni i tajanstveni oblici života, a ovaj pred nama u liku ove Ciganke, bio je upravo takav, uvek izazivaju neku vrstu užasa. Život i smrt delili su svoj plen, dušu zemaljskog stvora. Lepota je u našim mislima i snovima nespojiva sa smrću; ovoj lepoti davala je zastrašujući izraz. Smrt uništava čoveka, ali ideju života čini snažnijom i zagonetnijom!

Vođa karavana se povuče sa saputnicom u udaljeni ugao prostorije. Možda se kajao što je otvorio dušu i ispričao tu pripovest sa granice dva sveta, koja je u ovoj nespokojnoj noći donela još više nespokojstva. Niko se više nije usuđivao da govori glasno: ko zna koliko je još pritajenih, nepoznatih, moćnih sila pratilo naše putovanje a možda i naše misli, naše snove. Bledilo zore počelo se probijati kroz visoke, uske otvore na tavanici. Opat se prekrsti, jedna po svemu neobična noć ostala je iza nas. Opat je tiho izgovarao reči molitve: „Kazujem vam tajnu: svi nećemo umreti, ali ćemo se svi preobraziti, u tren oka, na glas poslednje trube, mrtvi će uskrsnuti neraspadljivi, a mi ćemo se preobraziti, jer treba da se ovo raspadljivo telo obuče neraspadljivošću i da se ovo smrtno telo obuče besmrtnošću..."

Reči su delovale umirujuće, ta priča o drugačijem životu gde će sve biti postavljeno na svoje mesto, za razliku od ovoga nejasnog i zamršenog kroz koji prolazimo kao kroz opasan lavirint sastavljen od ludila i snova. U takvim mislima zateče nas svitanje novoga dana.

XII GLAVA

Jezero Obmana. Nepogoda. Priča zatočenika Kule ludaka u Kanu.

Opatija je ostala za nama: malo, spasonosno pristanište u beznadežnoj pustoši. Ispred nas podizale su se prema nebu negostoljubove planine. Mračni vrhovi utonuli u magluštinu i tamu, gole i sive padine sa tragovima snežnih nanosa, ostacima nekadašnjih šuma. Hodočasnička družina hodala je stazom koja je vodila prema jezeru o čijim smo opasnostima slušali protekle noći. No, zar i ta ukleta mesta, tajanstvene vode, duboke provalije, nisu samo deo sveukupne Prirode? Svetovi jave i svetlosti dodiruju se i prepliću sa svetovima skrivenim u dubokoj tami. Kaže istočnjačka mudrost: „Dimenzije su bezgranične, vreme je beskrajno, okolnosti nisu stalne, uslovi nisu konačni." Iza naših leđa podizalo se jutarnje sunce osvetljavajući bledocrvenim sjajem čitavu visoravan, skidajući sivu odoru sa Jezera Obmana čije vode iznenada zablistaše u nadolazećem danu. Ostaci noći behu još prisutni u njegovim uvalama, u krošnjama drveća, u nemoj opčinjenosti čitavog predela. Daleko ispred nas u mračnim visinama iznad planina pojavi se mesec. Zastasmo kraj same obale zbunjeni neobičnošću toga prizora, susretom dana i noći, istovremenom pojavom sunčevog diska na istoku i ogromnog punog meseca sablasnog sjaja iznad planinskih vrhunaca na severu.

Sredinom jezera plovio je brod raširenih jedara, prilazeći sve bliže. Kretao se upravo onim uzanim vodenim putem gde se dan razdvajao od noći. Jedna strana neobičnog broda blistala je u zlatnom sunčevom sjaju, druga skrivena u tami, crnoj kao dno noći. Stajali smo, ne pomišljajući da je to možda jedna od iluzija o kojima nam je stari monah pripovedao; prizor je bio čudesan ali sva čula su nas uveravala u njegovu istinitost. Jedrenjak se kretao avetinjski tiho. U blizini se nije mogao osetiti ni dašak vetra. Prilazio je sve bliže, kraljevski moćan i raskošan. Njegov pramac nečujno je sekao mirnu površinu jezera a iz zasenčenog dela palube čuo se žamor ljudskih glasova. Što je dolazio bliže glasovi su postajali razgovetniji; neki sasvim prepoznatljivi: glasovi mojih roditelja, biskupova opomena, krik Valdežanina, radosni povik nestalog prijatelja Grka. Behu to glasovi jači od svakoga razuma. Ali, u času kada njegova ogromna sen zamrači i sunce i mesec, prikaza broda se rasplinu, a na njegovom mestu iz dubokih i tamnih voda planinskog jezera izroniše bezglavi jahači u crnim odorama, stanovnici Zemlje Noći, onostranog Kraljevstva Zapada. Jahali su dostojanstveno na ogromnim crnim atovima čije su kopite lebdele iznad površine vode. A iza njih nastupala je senka tame šireći kabanicu od koje se na površini jezera začas podiže kratkotrajna oluja sa talasima. Povorka odjezdi prema delu jezera uronjenom u tamu i tu se stopi sa mrklom noći. Stajali smo gotovo obeznanjeni na obali, svaki sa svojom strepnjom.

Užurbano kretosmo dalje, želeći da pobegnemo od varljivih uspomena probuđenih pojavom ukletog broda. Bežali smo od noći prema danu. U daljini, iznad najviših planinskih vrhunaca lebdela je duga, neprekinuta traka izmaglice; teški, olovni oblaci, spuštali su se prema nama nagoveštavajući nepogodu. Uskoro se činilo da smo usred dana upali u ogromnu rupu iz koje nema izlaza. Vetar je postajao sve jači, crnim nebom su šarale munje, a iz dubine ovoga grotla nadolazio je tutnjeći ogromni nebeski talas oluje. Uznemirenost životinja i ljudi postajala je sve veća. Sa olakšanjem odahnusmo kada se u kamenitom bloku ukaza pećina, dovoljno prostrana i skrovita da nas sve primi i tako zaštiti od nepogode. Tek što smo se smestili, začu se strahovito hujanje i nevreme se svom silinom sruči sa vrhova planine. Sedeli smo neko vreme bez reči zadivljeni i zastrašeni snagom i neobuzdanošću prirodnih elemenata.

Stari hodočasnik, duge sede brade gotovo do pojasa, koji do sada nije kazao svoju pripovest, reče: „Moj izgled vas može prevariti. Po godinama nisam starac. Ali ono što sam doživeo utisnulo je stravični znak na moje lice, oduzelo mi najbolje godine i dalo izgled starca. Neću vam mnogo pripovedati o svome životu. Kazaću samo ono što je bitno. Rano sam se oženio, devojkom velike lepote i plemenite naravi. Naša sreća je kratko trajala. Umrla je na porođaju, darujući mi sina po svemu na nju nalik. Obasuo sam to dete najvećom roditeljskom pažnjom i, rekao bih, bolesnom ljubavlju u stalnoj strepnji da mi Gospod ne oduzme i ovo voljeno biće. Odrastao je pod mojim nadzorom. Brzo prohujaše godine detinjstva i dečaštva. Godine zrelosti naiđoše upravo u vreme kada je naš kralj na poziv milanskog vojvode pripremao vojsku od četrdeset hiljada ljudi za prelaz preko Alpa i rat sa napuljskim kraljem. Moj se jedinac prijavi za dobrovoljca, pogazi sve moje zabrane, ne obazirući se na očajnička preklinjanja. Otišao je bez pozdrava, bez blagoslova.

Dugo nije bilo nikavog glasa. Potom stigoše vesti o porazu naše vojske od Svete lige. Provodio sam besane noći i dane u očajanju. Nije mi preostalo ništa drugo nego da krenem njegovim tragom. Uputih se sam preko mnogih zemalja, prelazeći velike reke, hodajući opasnim krajevima, kroz snežne planine i preko rascvetalih livada. Izgubio sam predstavu o vremenu. Ali, vodilo me je samo nebo i moja sretna zvezda na njemu, tako da se jednoga dana nađoh u toj zemlji koju nazivaju Italija, a sastoji se od mnoštva kraljevina. Ove kraljevine, često samo jedan grad i nešto okoline, zavađene su, svako je protiv svakoga, saveznici se traže i nalaze na raznim stranama. Često se i bivši ljuti suparnici udružuju kada treba udariti na nekog trećeg. Tako sam lutao od nemila do nedraga, slušajući različite priče i dobijajući nepouzdana obaveštenja, prelazeći preko bojnih polja, ulazeći među meni nepoznate vojske i gledajući strahote što se čine jednako u malim kao i u velikim ratovima. Nalazeći se u tuđoj zemlji, među ljudima koji su govorili mnoga različita narečja, ali nijedno meni razumljivo, izbegavajući mesta gde je svaki stranac bio sumnjiv, zalutao sam u jednoj dolini, zaslepljen užarenim suncem, u ravnici bez ijednog drveta u čijoj bi se senci moglo predahnuti. Mučila me sve jača žeđ. Sa zalaskom sunca, sve oko mene utonu u neku neprirodnu tamu. Nije bilo mesečine, a nisu se videle ni zvezde. Opružih se na tvrdoj, toploj zemlji i utonuh u san.

Neko me dodirnu po ramenu i ja se probudih. Preda mnom je stajao mlad čovek sa velikim, krvavim povojem oko glave. Gledao je užarenim, grozničavim očima. Čitav kraj je izgledao drugačije nego kada sam usnuo. Iz zemlje i sa neba razlivala se nekakva sablasna svetlost. Sve je dobilo avetinjski izgled. 'Pomoći ću ti naćeš sina', reče neznanac muklim glasom. 'Služili smo u istoj regimenti.' Bilo je nejasno otkud zna za moju nesreću. Oko došljakovih usana razaznavali su se tragovi krvi, a tih tragova bilo je i na njegovoj odeći, gruboj suknenoj vojničkoj košulji. Činilo se da dolazi pravo sa ratišta. Steže mi ruku. Obuze me jeza od dugih, hladnih, koščatih prstiju. 'Pouzdaj se u mene!' Klimnuh glavom. Onda uzviknu: 'Hajdemo! Otsada, pa do jutra, ništa ne pitaj. Ni u šta se ne mešaj. Gledaj i ćuti'. Zatim naredi: 'Uhvati se čvrsto za moja ramena!'. Obgrlih vojnikova ramena i on se, noseći me na leđima, vinu uvis. Lako se odvojismo od zemlje. Dolina ostade ispod nas. Preletali smo iznad izrovanih polja, iznad mesta na kojima su se nedavno sukobile vojske. Videh mnogo svežih humki i nesahranjene mrtvace u rovovima. Jednome je rasečen trbuh, drugome polomljen vrat, trećem su očne duplje ispunjene zemljom.

Uskoro se u daljini ukaza silueta jedne građevine, visokog tornja prema kojem usmerismo let. Više nismo bili sami. Sa raznih strana izvirale su na noćnom nebu leteće spodobe, nečujno poput slepih miševa, hitajući u istom pravcu. Toranj se uzdizao na polusrušenom krovu crkve. Bio je to svetionik u pustoši. Oko sablasnoga hrama okupljalo se mnoštvo. Po guravoj, goloj zemlji puzali su jadnici bez ruku, nogu, ostaci ljudskih tela, ljudske spodobe koje su izgubile ljudski lik. Moj vodič se usmeri ka jednom otvoru na krovu i kroz njega, kao kroz veliki dimnjak, spustismo se pravo u polumračnu dvoranu gde je vladao zastrašujući metež. Beše to nekakav neobičan svet. Ljudi i žene sa naduvenim, tamnim davljeničkim licima, ranjenici iz čijih je rana još uvek kapala krv, deca ukočena i bleda kao lutke. Ovu gomilu iznutra potiskivali su oni spolja. Nije bilo glasnog govora. Na sve strane kao zujanje insekata širio se šapat. U samom dnu polurazrušenog svetilišta nazirao se oltar okružen svećnjacima. Ukupno sedam svećnjaka okrenutih naopako sa plamenom koji je nekom čarolijom takođe bio usmeren prema tlu.

Iza oltara, razmaknuše se dveri otkrivajući dubinu neprozirne tame. Hladan vetar prohuja kroz razbijene, zjapeće prozore. Iz te tame dolazili su sveštenici. Onaj u sredini povorke imao je na sebi dugu mantiju tamno crvene boje. Na njegovim grudima beše iscrtan beli trougao, a u njemu lik crnog jarca. Sa obe strane pratilo ga je po deset sveštenika nižeg ranga. Nosili su crne odežde, a crni venci krasili su im glave. Na njihov ulazak upališe se, same od sebe, buktinje plavičastog plamena. Prostor ispred oltara zasija kao kristalno more. Plamen osvetli zidove a na zidovima crteže neobičnih bića sa po šest krila i očima, spreda i odostrag.

Glavni sveštenik blagoslovi hostiju, uze je u levu ruku i kleknu. Ovaj postupak sledili su ostali sveštenici, a za njima i gomila okupljenih. Potom, prvosveštenik otpoče sa misom. U početku je izgovarao uobičajene reči propisane svetom liturgijom. Ali, kada se blagoslovom hleb i vino pretvaraju u telo i krv sina Božijeg glas molitelja ispuni se mržnjom i dubokom prezirom, a reči se pretvoriše u zmije otrovnice: '... ti trgovče obmanama i prevarama, kradljivcu počasti, pljačkašu osećanja privrženosti, od časa kada si izašao iz utrobe device, izneverio si sva obećanja, sva očekivanja! Trebalo je da ti jače pribiju čavle u dlanove, da ti nemilosrdnije pritisnu čelo trnovom krunom, da se niko ne sažali na tvoje rane! O, prokleti Nazarencu! O, ti ništavni kralju, o ti kukavički kralju!' Podiže obe ruke uvis, a iz visina odjeknu kreštavi, grozomorni smeh. Gotovo istovremeno oglasi se zvono. Oko nas zavlada paklena galama. Vernici su se vukli po podu, uvijajući se poput zmija ili su skakali u mestu izbezumljenih lica i isplaženih jezika. Zaoriše se povici proklinjanja, strašnih kletvi. Svak je tražio da mu se vrati ono što je izgubio. Obuzet bezbožničkim zanosom i ja povikah kako hoću svoga sina, živog i zdravog, da mi je učinjena nepravda od koje nema veće.

Sveštenik zapali sveću od žutog voska. Pozivao je demone da uslišu molbe vernika. Iz njegovog glasa širila se hladnoća nepoznatih svetova. Najbliži iz gomile dodirivali su oltar krvavim šakama. Mnogima su se otvarale rane na telu, kapala je krv natapajući zemljani pod. Sveštenik podiže crnu hostiju i povika: 'Ovo je moje telo!', a oni oko njega izgovarali su u horu: *'Aquerra Goity, Aquerra Beyty, Aquerra Goity, Aquerra Beyty',* što beše pozdrav crnom bogu na nebesima i dole na zemlji. Opisao je rukom krug oko oltara. Gomila se utiša. U polurazrušeni hram stupila je povorka mladih ljudi pognutih glava i povijenih tela. Svi behu obučeni isto: u odeću od zakrpa koja je pokrivala njihova mršava, izmučena tela. Onaj u sredini nosio je u rukama belo jagnje, bespomoćno i nežno, bez ijednog belega. Kada je prolazio pored mene, zagledah se pažljivije u njegovo lice. Krik mi se zaustavi u grlu. Prepoznao sam svoga izgubljenog sina! Posred čela videla se velika rana. Zakoračih prema njemu, ali me jedna gruba ruka povuče nazad, a strogi zapovednički glas šapatom naredi da ostanem miran. 'Ne prilazi! On je daleko od tebe kao što su nebesa od zemlje. Nijednim zakonom, nijednog od svetova, nije dozvoljeno da ga dodirneš!'

Neka sila jača od roditeljske ljubavi prikova me za mesto dok je polagao jagnje na oltar. Prvosveštenik ugasi sveću u rukama i ispod mantije izvuče dugi nož sa tankim sečivom. Presijavalo se pod plamenom mnogih baklji. Iznenadnim i veštim pokretom preseče jagnjetu vrat. Mlaz krvi poškropi one u prvim redovima. Jedan od pomoćnika postavi veliki stakleni sud da ga napuni tečnošću života. Držeći još uvek krvavi nož, sveštenik podiže ruke prema punom mesecu, visoko gore u dalekim nebesima. 'Žrtvovano jagnje!' povika snažnim glasom, 'Ti držiš vlast nad demonima! Zaklani božiji stvore! Daj mi moć nad Silama Tame!' Prinese usnama stakleni pehar i ispi gutljaj crvene tečnosti. Odasvud provališe jauci i krici. Gomila se valjala prema oltaru zahtevajući blagoslov. Gazio sam preko tela. Odjednom se nađoh pred svojim detetom. Zaboravih na sva upozorenja. Pozvah ga po imenu. Neka bol koja se ne da opisati prostruja njegovim isposničkim, izmučenim telom. A onda se, iznenada, dogodi užasna promena. Tamo gde mu behu oči otvoriše se zjapeće rupe iz kojih poteče smrdljiva sluz. Iz razdvojenih usana izmileše dve zmije i obaviše se oko njegovog mršavog vrata. A iz one rupe na čelu izvuče se veliki crni pauk, ravnomerno pomerajući zglavkasto telo i bezbrojne dlakave nožice. Čitavo lice se izobliči i pretvori u ogolelu lobanju sa nekoliko sasušenih pramenova kose. U očajničkom naporu, njegova koščata ruka sa koje je otpadalo meso, strgnu sa vrata medaljon, amajliju koju je dobio za svoj rođendan punoletstva. Vraćao mi je taj dokaz ljubavi. Prihvatih strašan dar. U istom trenu osetih neizdržljiv bol. Ruka u kojoj sam držao uzdarje gorela je u živom plamenu, ali amajliju ne ispustih. Izgubih svest."

Sedi hodočasnik razgrnu svoju halju. Na golim grudima pokaza se amajlija. Zasija u tami pećine, tako da je zaslepljivala oči. Čudesni predmet izmami uzvike iznenađenja ali i bola. Nešto opasno i preteće izbijalo je iz te stvari na hodočasnikovim grudima. Uverivši nas tako u istinitost priče, on je opet skloni od naših pogleda. Oluja i grmljavina u tome času dostizali su vrhunac. „Doživeo sam crno hodočašće, a ova amajlija je dokaz da sam prisustvovao crnoj misi".

Mlazevi kiše stvarali su pred ulazom u pećinu utisak biblijskog potopa. Pripovedač je za trenutak sklopio oči, u molitvi ili huljenju, niko nije mogao znati, a onda reče: „Od tog događaja više nisam imao ni doma, ni spokoja. Hodao sam i propovedao da su koreni zla u samome Bogu; da onima koji su izgubili sve ništa neće biti vraćeno. Naše duše žude za svetlom, a pokriće ih večna tama. Proglasiše me bezumnikom. Staviše okove na ruke i noge. Tako se nađoh među stanovnicima čuvene Kule ludaka u Kanu. Svašta sam doživeo u toj kući jada. Prolazio sam kroz bunilo ludila kao kroz noćnu moru. Da bi nam uterali razum naši su nas čuvari svakodnevno bičevali do krvi. Zbog bola duše kažnjavano je nedužno telo. Ludacima je zabranjen ulazak u crkvu, ali ne i korišćenje sakramenta. Gospod je ludaku dao znanje nedostupno običnim smrtnicima. Jasno, to je zabranjeno znanje i pripada carstvu tamnog sveta; no, uvaženi, bezumnici su odabrani višom voljom da jedini poseduju znanje o kraju sveta, to je neprikosnovena povlastica ludila. U rastrojstvu duševnog života obznanjuje se prisutnost smrti, bunilo strasti, moć poremećene uobrazilje; bezumni vide i znaju ono što razumni ne mogu. Ta dva sveta su suprotstavljena. Njihovo kretanje je uvek u obrnutom smeru od znanog. Ono što je za vas belo za njih je crno. Kada čuju plač oni se smeju. Njihova tuga vas zabavlja. Ljudsko očajanje za njih je klaunsko bekeljenje. Ono što je neizmerna nebeska visina za njih je duboka, tamna provalija. Noć je dan, a dan je noć. Mesec im daje život, sunce ih uteruje u san. Pa zar nisu pesnici i propovednici govorili o ljudskoj duši da je „mračna dubina puna jama i ćelija, lavirint nejasan i zamršen ponor"? Ko se usuđuje da postavi granice između laži i istine, između mudrosti i ludosti? Ne postoji stvar na svetu a da nema svoju suprotnost. Duše bezumnika su otvorene i ranjive. U bezazlenosti ludaka ima ponešto od stradanja palih anđela. Da, ali istovremeno, ludilo je opsesija, iskušenje, mora, opasno je i zastrašujuće. U srcu ludila prebiva smrt. Ali, ludaci su, ne zamerite, uvaženi, pravi božiji hodočasnici. Kod nekih bude samilost, kod drugih užas. Oni su deca Ništavila. Ali, to veliko Ništa beskonačno je stvarnije nego sve druge stvarnosti. Stvaranje ni iz čega je stvaranje iz Boga. Tek rođeno dete zaboravlja ono beskrajno znanje koje je posedovalo pre rođenja u nebeskoj kući znanja. Zašto zaboravlja? Zato što posedovanje toga znanja u ovome svetu dovodi do ludila. To je prava istina, uvaženi.

Ali, da se vratim svojoj priči. U toj kuli bezumnika video sam svašta: ludilo se javlja u bezbroj različitih oblika. Ono potiče iz same dubine prirode i krije neke od njenih najsvetijih tajni. Na mene su neprekidno motrili jer sam bio drugačiji od ostalih i zato opasan. Hteli su da iz mene izvuku moju najskriveniju misao, da saznaju sve o susretu u Hramu. Ono što je za mene bila istina, za njih je predstavljalo bolest koja će uništiti prvo mene, a onda i one oko mene. Kukavni stvorovi, oni nisu ništa razumevali. Šta sam onda mogao da im ispričam? Sve što postoji na ovome i onome svetu je povezano. Ono što se dogodi na jednom kraju ovog našeg zemaljskog prebivališta menja život na drugom kraju, ali i u drugim svetovima. Užasan haos u kojem se kovitlaju naše duše u potrazi za spasenjem, unosi pobunu među afričke urođenike, stvara nemirne snove nomadima u velikim pustinjama Azije, razdražuje umobolne u Kuli ludaka. Povezana je prošlost sa budućnošću, povezan je život sa smrću, jedan čovek sa svim ostalim ljudima.

Hoću da kažem ovo: u dubini Haosa postoji poredak kojem se svi povinujemo. Ali kako to mogu shvatiti zatvorski čuvari i čuvari u ludnicama? Oni su zarobljenici sivih kuća, a ne zatvorenici koje čuvaju! Kada bi stražari umeli da čitaju videli bi da je iznad glava bezumnika zapisano: *Svetac je skriven od ubojita pogleda sveta, naročito su od takvog pogleda skrivene lude Božije.* Vrlina koja se vidi i nije nikakva vrlina. Za stražare svete lude su nakazne. Zemaljske vlasti ih uklanjaju sa gradskih ulica, ograđuju zidovima, bacaju u memljive podrume; postavljaju oko njih straže. Ali u toj samoći, tome mraku, svete lude skidaju svoje maske i njihovo lice zasija božanskom lepotom. Što je više jada zemaljskog, uvaženi, više je nade za spasenje! Sumorne, ludačke kuće su mesta gde se odabrani sklanjaju od nepogode, kao što smo se mi sklonili u ovaj božiji zaklon. Mahnitost nije u bezumnicima nego u njegovim čuvarima. Vlast čuvara zasnovana je na goloj sili. Život u Kuli ludaka je strahotan, dani i noći ispunjeni su ljudskim kricima, smradom i prljavštinom. Kreveti su truli, ponjave izlepljene izmetom, sve se raspada. Po podu u zidovima mile insekti koji se hrane ljudskom krvlju. U šupljinama zidova nastanjuju se pacovi. Ali, uvaženi, čitavo to mesto je čaura iz koje se rađa novi svet!

Hodočasnik zaćuta. Obe ruke prebacio je preko grudi, dodirujući medaljon sakriven ispod odeće. Nevreme se iznenada smirilo, kao što je iznenada i počelo. Vlažni dah planinske magle ispunjavao je naše sklonište. Njegov pogled zaustavi se na svakome od nas. „Ovde nas je desetoro, a broj deset za one koje umeju da čitaju skriveni jezik znakova, predstavlja deset nebeskih anđela ili deset ukletih duša. Broj deset predstavlja deset u jednome, deset sudbina povezanih u jednu, deset puteva koji vode u istom pravcu. Broj deset potvrđuje istovetni tajanstveni smer našega hodočašća". Govoreći ovako, čovek se upravi. „Čujem vaše neizgovoreno pitanje: „Ko si ti da rasuđuješ o stvarima neba i zemlje?" Odgovaram: Za neke samo odbegli ludak. Lađari uz dobru nagodbu preuzimaju bezumnike. Da li ste čuli za brodove ludaka na Rajni? Božje lude u traganju za razumom. Ali, oni koji ne dospeju do Sen Matirena de Laršana, Bezansona ili sela Gela, svetih mesta za bezumnike, bivaju prodani na dalekim pijacama za robove, ostavljeni na nemilost divljim zverima, ili zaboravljeni u pustim predelima dalekih zemalja. Moj usud je drugačiji. Sila koja gospodari rekama i morima, sila jača od vladara i lađara izbavila me je iz ljudskih okova. Zastupam gospodara svih svetova, vidljivih i nevidljivih. *Ja sam namesnik!* Nosim svoje ludilo kao božiji blagoslov. Prizivam sećanje drevne Mesopotamije, izgubljene Asirije, nestalog Vavilona. Proročanstvo kaže: 'Kada se rodi belo jagnje bez ijedne belege i pojavi u određeno vreme na mestu unapred određenom zariće se zubi Levijatana u nežni vrat i krenuće potok krvi... ' Uvaženi, slomljen je prvi od sedam pečata. Slušajte pažljivo! Čujete li kako se oglašavaju trube koje objavljuju dolazak Poslednjeg vremena?"

U tišini osluškivali smo spoljašnje zvuke. Negde iz daljine širilo se nejasno hujanje, poput otegnutog šapata. Možda to beše glas vetra koji je gubio snagu. Možda obična varka čula. Ili, je, zaista, blagosloveni i strašni zvuk *zohara* najavljivao kraj ovoga sveta?

XIII GLAVA

*Senke iz tame. Bajanje. Poseta u snu.
Zamak na litici. Kraj puta.*

Hodali smo stisnuti jedni uz druge, pognutih glava štiteći se tako od britkog, hladnog vetra i ledene magle što se spuštala sa visokih planinskih vrhova obavijenih gustim, tmastim oblacima. Ulazili smo u divljinu koja je zastrašivala i zadivljavala odsustvom vidljivog života: golo stenje, visoke litice, duboki klanci čije se dno ne može sagledati. Ali to otsustvo života kakav je naš, ovozemaljski i ljudski, značilo je prisustvo nekog drugog života, za običan um nejasnog, mračnog ali postojećeg. Sva ta divlja i negostoljubiva priroda oko nas disala je i pratila naš hod. Njene mnogobrojne oči, ili možda samo jedno, veliko, sveobuhvatno oko, usmereni su prema neznanim i nezvanim posetiocima.

Izraz nespokojstva ogledao se na svim licima. U potpunoj tami više se nije nazirao nikakav pravac kretanja. Zaustavismo se uz obronke jedne litice i tu odredismo mesto za prenoćište. Između stena našlo se nešto suve mahovine. Strah i zabrinutost nije mogao da odagna ni plamen vatre izvučen iz kresiva. Mahovina planu, a zatim je plamen, na opšte očajanje bivao sve manji. Uzalud smo pretraživali tle, nigde nije bilo nikakvog goriva za vatru; tmina oko nas zgušnjavala se, ispunjena iznenadnim neobjašnjivim šumovima: kikotom, klepetanjem krila, šapatom. Neko nepozvan koga je veoma privlačila naša grupa bio je tu, posmatrao nas i čekao svoj čas. Istovremeno, neobjašnjivo osećanje jeze koje nije imalo veze sa hladnim dahom planine obuzelo je svakoga. Senka iz tame pružila je dugu mračnu ruku da utuli plamen.

Bili smo svesni opasnosti, ali nemoćni. Vođa karavana privukao je uz sebe svoju cigansku draganu odlučan da je brani i ne prepusti silama iz drugog sveta. Ona je gubila ono malo životne snage što je preostalo, oči su joj se sklapale, taj užas iz mraka borio se za njenu dušu što je još uvek lutala između svetova, i za njeno telo. Kada ugasne slabašan plamen oko koga smo okupljeni ugasiće se i dašak života u njoj. Vođa karavana poče šapatom da izgovara neke nerazumljive reči. Iz njegovih usana izlazio je zvuk sličan šištanju zmije. Izgovarao je bajalicu koju je, verovatno, naučio u ciganskom selu. Plamen oživi, dobi snagu i podiže se uvis. Nije se hranio ničim drugim osim rečima bajalice. Iznicao je iz tamne, kamenite podloge. Na toj vatri se nije moglo ogrejati, bila je delo mađije. Tama se povlačila dalje od kruga svetlosti obeleženog bajanjem. Borile su se ped našim očima dve nečiste sile. Snaga starostavnih reči, u nekim davnim vremenima savez sklopljen između čoveka i nekog od demona, postavljao se kao neprelazni bedem za prokletinju ogrnutu tamom.

Sklopih oči. Dok sam tonuo u dubok san, čuo sam daleki odjek tihih glasova, bajanja i molitve, prizivanja nevidljivih sila. Reči jače od moći planinskih demona, preobražene u mistični plavi plamen, štitile su našu družinu od svih opasnosti jezovite planinske noći.

*

U snu me poseti Valdežanin, moj poznanik iz inkvizitorske tamnice, osuđen da umre na lomači. Reče: „Blizu si kraja svoga puta. Ujutru, kada se raziđu oblaci iznad planinskih vrhunaca, ugledaćeš zamak na litici. Zamak se povremeno pojavljuje i iščezava, kao sve stvari koje nisu sasvim od ovoga sveta. Tamo je Kula na čijem se vrhu nalazi odaja, a u odaji tajni predmet velike moći koji deluje u svim svetovima i vlada nad svim svetovima..." Nisam uspeo da progovorim sa senkom svoga prijatelja jer me obuhvati neka neljudska sila. Podiže u visine odakle sam video svet u haotičnom pokretu: gomile ljudi koji preklinju za milost, anđela smrti sa raširenim krilima pod čijim okriljem dželati obavljaju svoj krvavi posao; ognjeni nebeski dažd kako pada na plodna polja; beskrajne kolone izgnanika bez utočišta. Krici bespomoćnih podizali su se do neba zaglušeni ruganjem ubica. Uleteh u nekakav ambis bez dna, u vremensko grotlo ispunjeno paklenom galamom, povicima na bezbroj nerazumljivih jezika. A onda se buka stiša dok sam bezglasno padao u Ništa.

Probudih se iz mučnog sna pred samu zoru. Oko mene su stajali hodočasnici, svi uzbuđeni. U sablasnom svetlu tek rođenog jutra na najbližem planinskom prevoju izdizala se visoka kula čiji je vrh, kako se činilo, dodirivao nebo. I sam se pridigoh zureći u to čudo.

*

Kula beše najviši deo tvrđave sazdane od klesanog sjajnog kamena, opasane zidom u obliku sedmougla. Čitava ova građevina nalazila se na vrhu klisure sa liticama čiji su se vrhovi gubili u visinama. Vođa karavana prvi progovori: „Video sam u životu mnoga utvrđenja. Boravio u Mardinu, u gornjoj Mesopotamiji, ulazio u Amadiju, stari grad između Mosula i Vana. Ljudi govore da tako čudesnih tvrđava sa kulama nema nigde. Ali ovaj nepoznati grad što nam je sada pred očima prevazilazi sve. Usamljeni putnik pomislio bi da je to halucinacija, fantom-grad. Ali, svi vidimo isto. Neobično je da nam o ovome stari monah ništa nije pripovedao; a to može biti samo grad iz duboke starine kada su ljudi poznavali graditeljske tajne danas zaboravljene".

Krenusmo strminom koja je, kako smo verovali, vodila do ovoga zagonetnog mesta. Sunce se pojavilo iza visokih vrhunaca i velelepna građevina dobi novi sjaj, sjaj gorućeg plamena. Zastali smo zadivljeni veličanstvenošću prizora, a onda savladavši još jedan uspon nađosmo se pred provalijom koja nas je odvajala od ulaza u zamak. Nije bilo daljeg puta, nikakvog prelaza, nikakvog mosta. Grad je bio tu, pred nama, istovremeno blizu i nedostižan. Dve preostale tovarne životinje pokazivale su neobjašnjiv strah; iznenada iskidaše uzde kojima su bile vezane i u panici krenuše uz liticu. Nisu daleko dospele. Sa svim stvarima koje su nosile strmoglaviše se u mračne dubine ponora. Ovo zaista beše nesreća. Jadne životinje hodale su uz nas već dugo, bez otpora i roptanja. Nekakav užas van ljudskog poimanja naterao ih je na ovaj samoubilački čin. Iznad kule na vedrom nebu pojavi se oblak. Spuštao se pravo prema nama. Što je dolazio bliže sve je jasnije dobijao oblik nekakve ćuprije. Gledali smo kao opčinjeni taj neobičan pramen guste magle. Zaustavio se nad ambisom između stene na kojoj smo stajali i velikog zamka, pružajući se od naših nogu do visokih i širokih vrata na zidinama dvorca. Ruka je prolazila kroz taj sloj magle, a između njenih pramenova videla se zjapeća dubina provalije. Stari hodočasnik, nekadašnji zatočenik kanske ludnice, prvi progovori: „Nalazimo se, uvaženi, pred najvećim čudom, Centrom sveta. Pogledajte, sunčeva svetlost pada sa neba pod pravim uglom!" Lice mu se ozari istinskim zanosom. „Ovo mesto nazivaju 'Kućom Vrha svih Zemalja', 'Vrhom oluje', 'Zamkom između neba i zemlje'. Čuo sam priče da takva mesta postoje i na drugim stranama: Meru u Indiji, Haraberzaiti u Iranu, mitska planina 'Vrh Zemlje' u Mesopotamiji, Gerizim u Palestini. To su mesta gde se povezuju Zemlja i Nebo, najviša tačka Sveta. *Axis mundi*. Zar nije svaki od nas na dugim putovanjima, u besanim noćima čeznuo za tom tačkom oslonca koja će pomoći da se snađemo u rasulu uma, ali i haotičnom svetu oko nas, ispresecanom mnoštvom zamršenih puteva u beskonačnom prostoru? Mora se doći do neke stalne 'tačke oslonca' da bismo čvrsto stajali". Izrekavši ove reči on zakorači preko nebeskog mosta. Stupio je u prazninu sklopljenih očiju. Bosa stopala nalazila su nevidljivi oslonac. Laganim i sigurnim koracima prešao je na drugu strana ponora.

Naslonih glavu na kamen, tiho se moleći. Izgovarao sam „Pesmu Anđela". Molio sam se duboko i usrdno. Ponavljao sam svete reči: „Onome ko nije dostojan da uđe u Kraljevsku palatu, anđeli čuvari kapija otupiće čula i pomutiti duh. A dostojnom otvoriće vrata i pozvaće ga: 'Uđi!'" Hladan kamen ispuni se toplinom. Prolazio sam put preobraženja onakav kakav je prošao i rabi Ismael postajući anđeo Metatron. Moje živo, ljudsko telo gorelo je iznutra plamenom „vatrene buktinje". A to je značilo da se mogu uspraviti i stajati ne osećajući zemlju pod sobom, sa rukama i nogama u živom plamenu. Pošao sam za sedim hodočasnikom, preko bezdane provalije. Stopala su mi dodirivala meku paučinu vazduha. Za mnom se uputiše ostali, svaki sa svojom molitvom u srcu. Na ovaj čudesan način svi pređoše dugin most i uskoro se u punom broju okupismo na drugoj strani litice. Pored nas prostruja slabi dašak vetra. Most koji smo prešli rasturi se u pramenove magle a ovi se potom rasplinuše u ogromnom prostranstvu oko suncem obasjanog zamka.

Kapija se otvori sama od sebe.

*

Pred nama se ukaza: vrt savršeno uređenih, pravilnih staza u obliku lavirinta okružen egzotičnim rastinjem različitih oblika i boja. Jedna od širokih staza vodila je do stene preko koje se slivao slap vode. Ovaj mali vodopad bešumno se ulivao u veliki ribnjak prekriven ogromnim lokvanjima i džinovskim belim cvetovima. Svuda je vladala devičanska tišina. Čuli smo samo svoje sopstveno disanje. Uputismo se stazom, prema Kuli. Hodali smo bestelesnim nogama, kao da još uvek lebdimo nad ponorom. Iznenada, ogromna senka zakrili sunce. Sve utonu u tamu. Samo je visoki toranj zamka svetleo sopstvenom svetlošću.

Peli smo se kružnim stepeništem. Bleda svetlost izbijala je iz zidova osvetljavajući put. Hodajući jedan za drugim stigosmo do velike, prostrane odaje na samome vrhu. Na sredini prostorije nalazilo se postolje. Na njemu, četiri kamene ruke držale su zlatnu krunu ukrašenu blještavim dijamantima i dragim kamenjem, sa šiljcima iz kojih je izbijala jarka svetlost. Bila je to svetlost bez senki, živa svetlost što se kretala unaokolo. Stajali smo bez daha pred amajlijom vrednijom od svih amajlija. Gledali smo u to znamenje moćnije od svih zemalja i svih vladara, uzvišeni znak onoga ko je beskonačan i bezvremen. Talisman jači od bolesti, smrti, ludila. *Keter,* kruna Drveta života, jedna od deset *sefirot,* iz koje zrači stvarna Božija svetlost. Ona čije je mesto u samom centru sveta da bi održala njegovu ravnotežu.

Božanska svetlost dodirnu lice mlade Ciganke. Ono se ispuni novim životom. Njene snene oči sada širom otvorene gledale su u čudu oko sebe. Obisnu se oko vrata onome ko je iz ljubavi išao za njom i preko kraja sveta. Hodočasnik sa kapuljačom svuče kabanicu sa svoga užasnog pasjeg lica: ono se na naše oči preobrazi u mlado lice plemenitih, aristokratskih crta. Onome ko je na putovanju zalutao u magli i izgubio najbolje godine života, godine su se vratile. Ludak iz kanske ludnice primao je sveti duh. On uzbuđeno uzviknu da vidi sen svoga sina, oslobođenu crne magije kako odlazi da počiva u večitom miru.

Pružih ruke da uzmem krunu, amajliju koja će iskupiti moj život pred seviljskim biskupom i moćnom inkvizicijom. Na kruni se pojaviše užarena slova:

U taj čas, kupola iznad naših glava se rastvori. Ukaza se beskrajno nebo i u njemu milijarde dalekih svetova. Iz dubine večne tame približavala se nebeska kočija, sva u plamenu. Čitavo nebo se zapali i sve se obasja crvenim sjajem. Iz visina se spuštao plameni kružeći mač. Plameni vodopadi izlivali su se iz nebesa. Došao sam do kraja puta. Ali to nije bio i kraj putovanja.

EPILOG

Lomača u Sevilji

Pored mene stajao je biskup. „Ti si grešnik, dete moje. Nepopravljivi grešnik. Zar nije u jeretičkim spisima starih kabalista zapisano da će od božijeg plamena stradati onaj ko se isuviše približi zabranjenom znanju, velikoj tajni dostupnoj samo posvećenima? E, pa predajem te svetoj vatri pročišćenja!"

Kroz dim i vatrenu buktinju gledao sam biskupa i sudije Svete inkvizicije. Tu, blizu, u plamenu, nestajao je Valdežanin. Ruke mi behu vezane za stub ispod kojeg su zapalacali vatreni jezici. Dim je ulazio u nozdrve, a užarena jara već je dodirivala moja bosa stopala. Nisam osećao nikakav bol. Podigoh pogled. Nebo iznad bilo je duboko, i prozračno. Nalazio sam se istovremeno na vrhu Kule, okružen vatrenim sjajem božijeg Prestola i na trgu grada Sevilje osuđen na lomaču. Nisam se plašio. Jedna duša strada i pati, a druga se uzdiže do najvećih visina. Iz svetla se ide ka tami, iz tame prema svetlosti. Postoji, na nebu i na zemlji, bezbroj izukrštanih puteva; ovaj na kojem smo u nekom času samo je jedan od mnogih. Ljudska je sudbina lutanje između svetova, omeđenim različitim pričama, delovima velike, zajedničke pripovesti. Onaj ko sluša, i onaj ko pripoveda iznad su života i iznad smrti. Nema kraja putovanju, nema kraja pripovedanju.

Ja sam taj koji sam
(početak i kraj svega)

NAPOMENA

U proleće 1991. dogovorio sam se sa Gavrilom Grahovcem direktorom sarajevske „Svjetlosti", glavnim urednikom Ivanom Lovrenovićem i urednikom Mirkom Marjanovićem da roman „Hodočasnici neba i zemlje" na kojem sam upravo radio, objavim u ovoj izdavačkoj kući.

U proleće 1995., kada sam knjigu završio, to više nije bio onaj isti svet iz vremena kada sam je počeo pisati.

Ovaj roman o spoljnjem i unutrašnjem izgnanstvu, o putovanju granicom koja razdvaja svetove jave od svetova snova posvećujem prijateljima iz Sarajeva.

Beograd, maj 1995.   Filip David

INVERZNA OGLEDALA SVESTI

Video si čudne stvari / strašnu ruku smrti, duboku tugu / Bezobzirne patnje, / i sve što si video / jeste Bog. Ovaj navod stihova iz romana, najbolje ga osvetljava.

Večiti dualizam između svetla i tame, ovostranog i onostranog, „mračne noći duše" i „spasenja kroz hodočašće", predstavlja granične poetičke tačke fantastične i čudesne tematike proznog opusa Filipa Davida. U svetskoj duhovnoj baštini, ezoterijskim i alhemijskim aspektima značenja književnog teksta, kabalističkim, gnostičkim, hrišćanskim i apokrifnim odblescima, materijalizuje se, značenjski i semantički polivalentan lavirint romana *Hodočasnici neba i zemlje*, po kome „dolazak do velike misterije jednak je putovanju kroz lavirinte smrti". Iz ezoterijsko oniričkog putovanja „u susret svom biću" rađa se gusto prozno tkanje heterogenih ispovesti koje se kreće putem hodočašća ka Božanskoj suštini. Za takvo hodočašće spremni su samo oni izabrani volšebnici koji su se, u duhovnoj askezi, odrekli svetovnih iskušenja, ili oni (što je u ovoj prozi češći slučaj) koji su se u saznajnim prekoračenjima ogrešili o tajna znanja primajući na sebe Božanski žig lutanja, kaštige i pokore.

Glavni junak romana, iz zatočeništva u seviljskoj tamnici u vreme inkvizicije, kreće na put „velikog hodočašća". Na putu iskupljenja postaje ujedno pripovedač i svedok čudesnih puteva gospodnjih, objedinjujući u sebi i svojim ahasverskim lutanjima integralne delove radnje i pripovednog opusa, dok njegova priča progonstva – univerzalna metafora izgnanstava – postaje inicijalni motiv oko koga se struktuira pripovedanje i motivacijski krugovi koji sačinjavaju novu strukutru. Slojevitost, polisemantičnost i alegorijske refleksije, kompaktnost i dramaturška doteranost jasno postuliraju osnovne vrednosti; pitoresknost i čitalačku komunikativnost ovog romana. Ciklična struktura i smislena polifoničnost hodočasničkih putešestvija elementarizuje se u koncentričnim krugovima narativnih sfera u čijem je centru cilj hodočašća, centar sveta, *Axis mundi*, dok se po rubnim linijama kreću priče života i hodočasničkog usuda. Koncentrični krugovi mikro i makro volumena Božanske sveprisutnosti ispunjeni su ekstatičkim iskustvima, sentencioznim proznim opaskama, citatima drevnih znanja, okultnim i magijskim, objedinjenim zajedničkim imeniteljem; strahom od praznine koju pokušavaju da ponište priče u pandeterminističkom sudaru spoljnjeg i unutrašnjeg sveta na granicama ljudskih znanja i poimanja. Mogli bismo prirodno da očekujemo da priče Filipa Davida, porinute u apokaliptični galimatijas sveta koji se gasi u sopstvenoj negaciji, još više doprinesu entropijskom usložnjavanju, budući da su „od ovoga sveta". Ali, naprotiv. „Sva zemaljska mizerija, sve učinjeno zlo, sva mržnja, utiskuje svoj beleg na duh sveta i preko njega na ljudska tela." I na priče naravno, ali one time ne postaju transparentni oblik kazivanja istine; one istinu sadrže u unutrašnjem samogorenju i iskupljenju njihovih junaka. Nepretencioznost i diskretnost u građenju romaneskne celine ne počiva samo u „lakoći pripovedanja", već u univerzalnom metaforički i značenjski bremenitom svedočanstvu o „karnevalskoj razuzdanosti sveta u vremenima kuge" (prema priči jednog hodočasnika) kada se odasvud pojavljuju „družine budala" spremne na svakakva nepočinstva. Jer, *zlo ne postoji izvan čoveka. Zlo je u njemu.* Dualizam na sižejnom planu otvara mogućnost potiskivanja stvarnosti u drugi plan i stvarnosno neopterećeno predstavljanje univerzalne metafore, duboko pohranjene u kolektivnom pamćenju; o unutrašnjim i spoljnim izgnanstvima. Iz mnoštva ispovesti jasno se manifestuje nova celina motivacijski i konstruktivistički okrenuta prema romanesknoj celovitosti i, posredno, zakonitostima smisla.

Put ukletih hodočasnika grehom otkinutih iz čvrstog tla života i prepuštenih dualističko manihejskim iskušenjima nosi u sebi aksiološku i semantičku dvoznačnost. Centar sveta je mogućnost, tačka oslonca, ali i sublimativna tačka neizvesnosti „svih prošlih, sadašnjih i tek dolazećih svetova". Zato je *Axis mundi* – „kraj puta ali ne i putovanja", jer putovanje po vremenu i prostoru traje uprkos zakonitostima klepsidre zemaljskih dana. Shodno tome oko-snica i imperativ priče je zajedničko zatočenje u vlastitoj kobi i zlu, koje svi hodočasnici nose sa sobom, iživljavajući ga kroz priče u znaku „magijskog značenja pripovedanja" i „reči koje prate korake" po oštrici višnjeg suštastva okolnog sveta i njegovog proživljavanja kroz sopstvenu sudbinu. Prepoznavanje u stradanju; istovetnost poslanja, sliva se u putanju karavana koji prolazi između života i smrti i kojem se priključuju ljudi-priče tražeći put iskupljenja ili izgubljenog smisla upravo kroz (i putem) priče.

U zapisima mitskog, u različitim pojavnim oblicima, tumačenjima i objektivizacijama demijurških prauzroka, počiva vekovna borba dobra i zla, božanskog i demonskog, priče života i priče smrti. Kompaktna dramaturška i poetička koherentnost ove proze, prepune tajnih rukavaca i puteva posutih svetlicavim simbolima i znakovima, počiva upravo u iščitavanju „senki i odraza" tih istih znakova. Naime, Filip David uvek jasno i sa osećanjem mere intonira prepoznatljive, ezoterijski i književno validne, pojmove i simbole iz mitološke ili alhemijske sfere. „Mit je strukturalni element književnosti" (Nortrop Fraj), ali u kontekstu dela Filipa Davida važnije su i zanimljive njegove transformacije. Dominantan motiv je ogledalo koje u sopstvenoj igri svetla i senki implikuje, na drugoj strani, formalno značenjsku igru motiva unutar proznog teksta ili motiv ptice koji se transformiše od anđela do demonskog izaslanika. Možda je najzanimljiviji motiv lavirinta, jer na samom početku pisac ezoterijske, kabalističke i spise uopšte naziva „đavoljim lavirintom".

Večne zapitanosti najtamnijih i najtajnijih instinkata i doživljaja obojenih bajkolikim i oniričkim bojama nisu jedini razlozi koji nas privlače *Hodočasnicima neba i zemlje*. Jedan od opčinjujućih razloga počiva i u ljubavi koju možemo gajiti prema knjizi *Rukopis pronađen u Saragosi* Jana Potockog, budući da između nje i ove knjige postoje očigledni sličnosti. Sličnosti postoje u podudarnostima i opsesivnim temama, utvrđenim stilskim postupcima, pa čak i u ograničenjima i stranputicama žanra. Najautentičniji i najuspeliji delovi obe knjige su skoro identični; mit o večnom Jevrejinu, pustinjska princeza – kraljica demona, pomenuta simbolika ogledala...

Ali, ono što *Hodočasnike neba i zemlje* pomera korak napred u odnosu na *Rukopis pronađen u Saragosi* jeste ranije pomenuti dualizam koji ide granicom održivosti paralelnih svetova i nikada se ne zna na čiju će stranu pretegnuti. Jedna je od najkarakterističnijih scena, koja ilustruje gorepomenutu tezu, kad glavnog junaka iz oluje izvlači orao u vezi čijeg poslanja hodočasnik postavlja pitanje: da li je to anđeo ili grabljivica.

Priča-kôd praiskona, iščitana iz intimne mape književnog lika i mističnog prostora dijaloga čitaoca i pisca, sliva se u pečat-arabesku drevnog zapisa početka i kraja, alfe i omege, objašnjavajući i opričavajući kroz svoje zakonitosti spoljašnji svet „sastavljen od slike i odraza, predmeta i senki", na čijim kapijama stojimo sami gledajući karnevalsku sliku sveta koji nestaje iza vratnica „kule ludaka, čaure iz koje se rađa novi svet". Na kraju, dok vatra proždire glavnog junaka na lomači u Sevilji, odakle nikada nije ni odlazio, čitalac oseti potrebu da ispriča sopstvenu priču u svetlosti prosvetljenja deset ukletnika na kraju svog puta, ali ne i putovanja.

Petar V. Arbutina

Izdavačko preduzeće
RAD
Beograd, Dečanska 12

*

Glavni urednik
NOVICA TADIĆ

*

Grafički urednik
MILAN MILETIĆ

*

Korektor
NADA GAJIĆ

*

Nacrt za korice
JANKO KRAJŠEK

Realizacija
ALJOŠA LAZOVIĆ

*

Priprema teksta
Grafički studio RAD

*

Za izdavača
SIMON SIMONOVIĆ

*

Štampa
Elvod-print, Lazarevac

CIP – Каталогизација у публикацији
Народна библиотека Србије, Београд

886.1-31

ДАВИД, Филип

　　Hodočasnici neba i zemlje : roman / Filip David : [pogovor Petar Arbutina]. – Beograd : Rad, 2000 (Lazarevac : Elvod-print). – 143 str. ; 18 cm. – (Reč i misao : knj. 505)

Inverzna ogledala svesti: str. 139–142.

ISBN 86-09-00697-2
ID=85323276